U0095173

大家小书

中国武术史

习云泰 著

北京出版集团

文津出版社

图书在版编目（CIP）数据

中国武术史 / 习云泰著. — 北京 : 文津出版社，2024. 5

（大家小书）

ISBN 978-7-80554-895-1

Ⅰ. ①中… Ⅱ. ①习… Ⅲ. ①武术—体育运动史—中国 Ⅳ. ①G852. 09

中国国家版本馆 CIP 数据核字（2024）第033398号

总 策 划: 高立志　　　　责任编辑: 陶宇辰

· 大家小书 ·

中国武术史
ZHONGGUO WUSHU SHI

习云泰　著

出　　　版	北京出版集团
	文津出版社
地　　　址	北京北三环中路 6 号
邮　　　编	100120
网　　　址	www.bph.com.cn
总 发 行	北京伦洋图书出版有限公司
印　　　刷	北京华联印刷有限公司
经　　　销	新华书店
开　　　本	880 毫米 × 1230 毫米　1/32
印　　　张	10.5
字　　　数	168 千字
版　　　次	2024 年 5 月第 1 版
印　　　次	2024 年 5 月第 1 次印刷
书　　　号	ISBN 978-7-80554-895-1
定　　　价	69.00 元

如有印装质量问题，由本社负责调换

质量监督电话　010-58572393

总　序

袁行霈

　　"大家小书"，是一个很俏皮的名称。此所谓"大家"，包括两方面的含义：一、书的作者是大家；二、书是写给大家看的，是大家的读物。所谓"小书"者，只是就其篇幅而言，篇幅显得小一些罢了。若论学术性则不但不轻，有些倒是相当重。其实，篇幅大小也是相对的，一部书十万字，在今天的印刷条件下，似乎算小书，若在老子、孔子的时代，又何尝就小呢？

　　编辑这套丛书，有一个用意就是节省读者的时间，让读者在较短的时间内获得较多的知识。在信息爆炸的时代，人们要学的东西太多了。补习，遂成为经常的需要。如果不善于补习，东抓一把，西抓一把，今天补这，明天补那，效果未必很好。如果把读书当成吃补药，还会失去读书时应有的那份从容和快乐。这套丛书每本的篇幅都小，读者即使细细地阅读慢慢地体味，也花不了多少时间，可以充分享受读书的乐趣。如果把它们当成补药来吃也行，剂量小，吃起来方便，消化起来也容易。

我们还有一个用意，就是想做一点文化积累的工作。把那些经过时间考验的、读者认同的著作，搜集到一起印刷出版，使之不至于泯没。有些书曾经畅销一时，但现在已经不容易得到；有些书当时或许没有引起很多人注意，但时间证明它们价值不菲。这两类书都需要挖掘出来，让它们重现光芒。科技类的图书偏重实用，一过时就不会有太多读者了，除了研究科技史的人还要用到之外。人文科学则不然，有许多书是常读常新的。然而，这套丛书也不都是旧书的重版，我们也想请一些著名的学者新写一些学术性和普及性兼备的小书，以满足读者日益增长的需求。

"大家小书"的开本不大，读者可以揣进衣兜里，随时随地掏出来读上几页。在路边等人的时候，在排队买戏票的时候，在车上、在公园里，都可以读。这样的读者多了，会为社会增添一些文化的色彩和学习的气氛，岂不是一件好事吗？

"大家小书"出版在即，出版社同志命我撰序说明原委。既然这套丛书标示书之小，序言当然也应以短小为宜。该说的都说了，就此搁笔吧。

前　　言

新中国成立几十年了，却没有一部我们中国人自己写成的中国武术史，而国外却对武术史研究非常重视，并出版了不同版本的中国武术史。其中有不少史料不够翔实，分析不够中肯，笔者作为一个武术工作者深感应尽快出版我们自己编写的中国武术史。笔者曾收集过这方面的史料，但在十年动乱中被抄缴，资料尽毁。后在朋友们的多次鼓励、催促及具体帮助下，我重新鼓起勇气来填补这一空白。经过几年努力，总算完成了初稿，几经修改，最后写成了这部书。

武术在中华民族漫长的历史进程中起过一定促进作用，其内容丰富多彩，练习形式也多种多样。武术的内容和练习形式是逐步发展起来的，并且始终围绕技击这一基本特征而变化、精炼、发展和提高着。武术发展史也告诉我们，武术攻防格斗的技术在相当长的历史时期紧密围绕军事攻防技术而发展，套路技术是依附于攻防格斗技术而发展的。历史上每一个拳种流派，大体都包括拳械套路技术、徒手的或器械的攻防格斗技术以及与之相应的基本功。作为一个技击经验积累，把经过实战检验并经过加工提炼的攻防技术动作串联起来，就是套路，就是训练武艺的重要手段。套路技术既能为攻防格斗技术训练体能、熟练动作，也能作为艺术欣赏进行表演，因而它逐渐有所侧重，产生分支，但都为群众所喜爱。武术家侧重于为攻防格斗服务的套路，动作朴实，攻防方法明确，军事实用价值大。侧重于表演取乐的套路，则在攻防合理的基础上动作"有花，有叶"，以增强套路的艺术感染力和突出攻防气氛。而表演一旦被职业武术艺人、卖药人、戏曲艺人等吸收采用，则多从表演效果上考虑，"花法"技巧性强的动作多了，简单而实用性强的攻防格斗动作则相应削弱了，但这种套路形式却受到群众喜爱，也能激发群众练武的兴趣。这样，套路就逐渐成了独立于攻防格斗之外的武艺内容，在群众中广泛流传、发展，支派繁衍。

武术套路技术是武艺的重要内容，是技击健身与传统表演艺术发展的总和。任何一种流派与同时代文化总是互相影响、相互借鉴的，都是始终围绕着技击特点不断革新和创造的。各拳种的发展，概莫能外。拳种都有各自的套路及对抗性的打法和练功方法。凡有成就的武术家或影响深远的诸家流派，都在继承上下过扎实的功夫，都善于广撷博采，熔铸各家练法而独辟蹊径，自成风格，自创新的技术流派。

武术的发展史还说明，不同阶级对武术的利用也不同。古代统治阶级总是把武术作为镇压人民、统治人民的工具，而劳动人民则把武术作为保家卫国、防身抗暴、反对统治阶级的工具。大量史料说明，武术是劳动人民在生产斗争和阶级斗争中创造并发展的。

本书的编写是在史学界、武术界多年来科研成果基础上进行的，它凝结着不少同志的辛勤劳动成果，特别在编写过程中不少武术工作者提供了大量照片资料，成都体院体育史研究室和武术教研室、四川省博物馆、省（市）图书馆以及陈践明、顾留馨等同志给予了大力支持，在此表示深切的谢意。但限于编者水平，缺点和错误恐难避免，尚希读者批评和指正。

唐杰光、董海川再传弟子以对武术文化的严谨求实的态度对文中错误之处做了更正，在此表示衷心感谢！

最后，感谢为本书写作提供了巨大帮助的四川大学体育学院许庆华、四川天府新区击剑协会会长习龙吟、四川省技巧运动协会习靖琳、北京体育大学校办主任赵杨。

习云泰

目 录

中国武术史

中国武术史

第一篇　先秦时代

第一章 武术的萌芽

　　武术在我国历史悠久，具有广泛的群众基础，是我们祖先在实际生活中不断积累和丰富起来的一项宝贵的民族文化遗产。武术内容丰富多彩，运动形式也多种多样，在其发展过程中始终与技击紧密地结合着。"武术"这个名称是后人根据它的内容、形式和特点概括起来而命名的。

　　马克思主义者认为，人类生产活动是最基本的实践活动，是决定其他一切活动的。武术的产生，从一开始便是由生产所决定的。

第一节　人与兽斗

　　在距今100多万年前，我们的祖先就在祖国大地上生活着、劳动着、斗争着。在原始群时代，"人民少而禽兽众"（见《韩非子·五蠹》），"古者禽兽多而人少"（见《庄子·盗跖》）。据古生物学工作者们研究，仅在北京周口店一带生活的野兽就有十几种之多，如剑齿虎、肿骨鹿、犀牛和中国鬣狗等。当时，原始人类就在这种环境中生存着。

在当时生产力低下、工具简陋的情况下，庞大、凶猛的野兽对人的生存是一个主要的威胁。"猛兽食颛民，鸷鸟攫老弱"（见《女娲补天》），这就决定了只有依靠群体力量，几十个人结成一个原始人群，才有可能抵御自然界的灾害和猛兽的袭击（图1-1）。离开群体力量，就难以克服生存道路上出现的各种困难，所以，群体的共同生产和共同分配是人们赖以生存

图1-1 "北京人"与野兽搏斗示意图

和发展的关键。

人们在猛兽世界中生存，以果实、根茎作为食物，以后从渔猎中取得附加食物（鱼和猎物），初民传说有"燧人之世，天下多水，故教民以渔。宓牺氏之世，天下多兽，故教民以猎"（见《尸子》）。"猎者，昊英之世，以伐木杀禽兽。"（见《商君书·画策》）

原始人进行经济和社会活动，必须付出繁重的体力劳动，他们为了生存，不得不到处流动，从事采集和狩猎。"同与禽兽居，族与万物并。"（见《庄子·马蹄》）原始人在与成群的猛兽搏斗，以及同大自然的斗争中，靠着辛勤的劳动、顽强的斗志、集体的力量和智慧，排除了种种困难，才免于猛兽之害，得以保存生命及获得固定的食物，从而生存和繁衍下来（图1-2）。

图1-2 "北京人"生活示意图

第二节　简陋的工具也是武器

狩猎是人类最古老的生产活动之一，它同采集野生植物和捕鱼一起构成了漫长的原始社会的重要经济成分，是人类适应自然环境并同大自然长期斗争的产物。

狩猎，也是人们为了维持生存和进行自卫所必需的活动。一个猎手，同时也是战士。战斗时的武器，也是狩猎的武器。严酷的生活条件迫使人类不断发展自己的体力和智力，并在集体劳动过程中和实际战斗生活中获得种种制胜的秘诀。人们除了用拳脚制敌外，先是用木枝，距离远了则用石子，并在战斗中发展了徒手或手持简单武器的攻防格斗技能。徒手进行拳打、脚踢、躲闪、跳跃、摔跌等，这就是拳术的萌芽。后来借用石器、木棒、骨器等作为工具和武器，在搏斗中出现了劈、砍、刺、扎、掷等动作，这又是武术长、短器械使用方法的萌芽。由此可见，武术起源于生产活动。

我国人类遗址的大量考古资料证明，人类最先学会使用的是粗糙简陋的石器和木棒。最初的棍棒可能是天然的，或经过简单加工制作的。棍棒有多种用途，既可袭击野兽，保卫自己，又能用来采集、捕鱼，后来又演变成各种武器。木棒虽然没有像石器那样保存下来，但由于发现很多砍砸器、尖状器和适于刮削木棒的刮削器（图1-3），从而也可得到间接证明。木棒的广泛使用，从"北京人"使用的木器和这些石器的形状及用途推测，可能就是后来的刀、斧、矛、戈等武术器械的"始祖"。"木兵始于伏羲，至神农之士，削石为兵。"（见《太白阴经》）考古学的成就证明，生活在我国土地上的原始人群，在"北京人"之前有陕西的蓝田人，蓝田人之前距今约170万年前有云南元谋人，因此可以说，从我国最早的人群第一次砸开一个自然石块作为石器使用时起，便开始有了中国远古文化。经过漫长的岁月，距今约60万年前，"北京人"学会了用火，直到距今4万年前开始的旧石器时代晚期才懂得用投枪、陷阱狩猎，捕鱼用鱼叉，再晚些时候又出现了弓箭。

恩格斯指出："根据最早历史时期的人和现在最不开化的

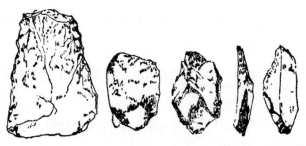

图1-3 "北京人"制作的石器

野蛮人的生活方式来判断，最古老的工具是些什么东西呢？是打猎和捕鱼的工具，而前者同时又是武器。"（见恩格斯：《劳动在从猿到人转变过程中的作用》）最初，工具和武器没有什么区别，除石头、木棍外，还用石刀、石矛等。随着人类生活改变，武器逐渐从工具中分离出来，并且迅速得到发展，使得武器在类型上和样式上都比工具多得多。原始人所支配的物质材料不过是石、木、骨角等，限制了工具的制造和发展。但在同一条件限制下，武器却发展较快，这是因为生活的强烈需求所致，是为了生存、自卫和摄取更多的生活资料所致。

在初民传说中，有了五兵。《世本》载："蚩尤作五兵，戈、殳、戟、酋矛、夷矛也。"这说明武器随着作战的需要而不断发展着。

旧石器中期，河套人已开始使用骨角做矛头，木棍做矛柄。据考证，这是最早的长矛之一。在出土的距今约7000年前的新石器时代的遗物中，出现了石质极好、制作精致的各种石刀、石斧、矛头、匕首及用玛瑙、玉髓之类做的矛头和斧。西宁县（今郁南县）曾发现骨石合制的短刀，刀以骨为干，以燧石薄片嵌入为锋。

分布在汾河沿岸的丁村人在追击野兽的过程中，为了延长手臂功能还制造了石球。以藤索套上石球而成飞石索，狩猎时将它抛出去可缠住大兽的四肢，使之不能逃跑。这种飞石索就是流星锤的雏形。武术器械中的软兵器——绳镖，同出土的新石器早、中期的石鱼镖、骨鱼叉相似，使用时都是在叉（或镖）的尾端或木棒尾端系绳将镖或叉掷出去，然后牵动绳索将其收回。可见，绳镖是从原始的石鱼镖演变发展而来的。弓箭是更复杂的工具，需要有长期的生活斗争经验和比较发达的智力，并且要熟悉其他许多同期的武器构造，才能将其创制出来。《世本》载："挥作弓，夷牟作矢。"《易经·系辞》载："弦木为弧，剡木为矢。"其意思是，最初人们选那些弹性好的木棍制弓，用质地较硬的木枝削成箭。到了新石器时代，已有大量箭镞出现，证明作战中已经较多地使用了弓箭，比《世本》记载的史料早了9000多年。值得一提的是1963年发掘的山西省朔县峙峪遗址中发现有箭头，根据碳14的测定，距今有8000多年，属旧石器时代晚期的较早阶段，因而把弓箭的历史又提早了好多年。"弓箭对于蒙昧时代，正如铁剑对于野蛮时代和火器对于文明时代一样，乃是决定性武器。"（见恩格斯:《家庭、私有制和国家的起源》)。

第三节　部落之间的战争

到了氏族公社时代，部落与部落之间开始经常发生战争。《兵迹》载："民物相攫而有武矣。""不富以其邻，利用侵伐，无不利。"（见《易经》谦六五）当一个部落的财富刺激了另一个部落的贪欲时，使用武力就成为掠夺财富的一种最主要的手段。正如恩格斯所指出的："他们是野蛮人，进行掠夺在他们看来是比进行创造劳动更容易甚至更荣誉的事情。以前进行战争，只是为了对侵犯进行报复，或者是为了扩大已经感到不够的领土，现在进行战争，则纯粹是为了掠夺，战争成为经常的职业了。"（见恩格斯：《家庭、私有制和国家的起源》）因此，中国原始社会各氏族之间也发生了不少部落战争。例如，黄帝与蚩尤斗，"蚩尤乃逐帝，争于涿鹿之河，九隅无遗"（见《逸周书·尝麦》）；"蚩尤作兵，伐黄帝"（见《山海经·大荒北经》）；黄帝与炎帝斗，黄帝"以与炎帝战于阪泉之野。三战，然后得其志"（见《史记·五帝本纪》）。在这些战争中，远则用了弓箭、投掷器，近则以棍棒、长矛、刀斧击打，劈、砍、刺、扎，战斗非常激烈，有时一两个人要对付好几个人，有攻，有防。一旦武器脱手，就要徒手搏斗，使用拳打、脚踢、躲闪、

中国武术史

扭摔、跳跃等动作，有时还要空手对器械。激烈的生存搏斗，要求人们掌握一定的攻防格斗技能，而经过实践检验并能自觉运用的这种攻防格斗技能，就是武术的萌芽，并在长期实践中不断得到继承和发展。

第四节　攻防格斗技术的积累

古时，在战争胜利或休息时，人们往往把战斗中制胜的技术经验表演一番，以示威武和荣誉，这就成为舞了。用这种舞的形式把攻防动作予以抽象再现，目的是抒发自己的心情、感受或表演技击方法。例如，《吕氏春秋》载："阴康氏之始，阴多滞伏……民气郁阙……故作为舞以宣导之。"刘师培在《古政原始论》中说："屈伸俯仰，升降上下，和柔其形体，以节制其筋骨，庶步伐整齐，施之战阵而不惩。"在这种舞练过程中，人们一旦发现好的攻防技术，则又借舞的形式互相模仿、交流。所以在那时，这种模仿及训练性质的舞，与练武很难截然分开。

一旦有了战争，舞蹈又成了战前动员和招募志愿人员作战的活动。那些参加舞蹈的人，也大多愿意参加远征。当一个部落受到攻击时，也采取同样方式组成一支战斗队进行反击。这种军事行动多由一些优秀战士来组织。这些战士发起一个战斗舞蹈，凡参加舞蹈的人就等于宣告加入了出征队伍，队伍立刻组织起来，即时出动。部落领土若被侵犯，其防卫也多由志愿人员担任。这说明舞蹈中的武的因素不仅有战斗动员的作用，而且也有练武及总结战斗经验的作用。

因历史久远，关于事物起源之说，多从古老的传闻间杂神话故事而来，故多不尽可靠，但总可以为查明其起源和成长过程提供几分端倪。

例如，《山海经》这一古代初民传说书籍中就记载了一个神话故事，说一个怪神与天帝争斗，被砍掉了脑袋，还不罢休，没了脑袋，以两乳为眼睛，以肚脐当嘴巴，一手拿盾牌，一手拿大斧，继续较量（见《事物纪原》卷二十三引《山海经》："天与帝争神，帝斩其首……乃以乳为目，以脐为口，操干戚以舞。"）。怪神、天帝是没有的，但盾牌、大斧等却反映了当时已有了战斗中所用的武器。

由于当时没有文字，还未曾见有"武舞"这个名称。但当时练武活动，却往往是通过舞蹈的形式进行的。人们把对徒手或手持武器的各种战斗技术动作的模拟通过舞蹈的形式予以再现，这种再现比较近似于战斗动作，在战斗中运用成功的一拳一腿、一击一刺还没有形成一个体系，只是反复地重复着、模仿着零乱的动作，既没有固定的动作规格，也没有呆板的程式，边跳边舞，因而这种舞练的过程也是攻防格斗技术传授过程，后来人们经过漫长的岁月，把这些方法简单地连起来练习，可能就是最早具有实践意义的"武术动作"。舞练的过程实际上也是交流和训练的过程。因此，有攻防动作的跳舞对加强战斗力有重要作用。

相传舜时有苗不服，禹率人去讨伐，同有苗打了30天的仗，没有征服有苗。禹按着舜的旨意收兵，拿着干和羽训练了70天。以后，有苗终于慑服了。《尚书·大禹谟》记载了这件事："帝乃诞敷文德，舞干羽于两阶，七旬有苗格。"此外，从大量史料中未曾发现在与舞蹈结合之外还有纯训练的练武活动，这说明专门进行攻防格斗的训练还未从舞蹈中分化出来。

由上述可见，当时的舞蹈实际上就是训练攻防格斗技术的一种主要形式和手段。通过舞蹈的形式，人们逐渐把在狩猎中以及作战中使用的徒手和手持武器的搏斗技能加以提炼和总结，互相传授。这些技能经验的积累可能是极其细微的、缓慢的，但是当这些经验成为有意识的活动时就是武术的萌芽了。

到了原始社会末期，随着生产力的发展，农牧业产品开始有剩余，部落中有些人，特别是老人有可能不去狩猎也能分得一定的食物。于是，部落委托他们把狩猎及作战的经验，其中也包括攻防格斗的技能，传授给儿童。1961年，对我国黑龙江省大兴安岭地区鄂温克人原始社会末期体育的考察，以及明人对台湾高山族等少数民族进行的考察而获得的大量民俗学材料间接证明，在远古时代武术已处于萌芽状态。

第二章　殷周时代的武术

第一节　甲骨文、金文中有关武的记载

我国自夏朝（约公元前21—前16世纪）开始了金石并用时代，初民传说有"禹穴之时，以铜为兵"之说（见《越绝书》卷十一）。由于金属工具的使用及生产力的发展，出现了私有制，原始社会随之解体而进入奴隶制社会，有了奴隶主，从此开始王位世袭，实行"家天下"。

由于奴隶主对奴隶的残酷压榨，自夏至周不断发生奴隶反抗奴隶主的斗争，打击了夏、商、周的统治。

在生产斗争和阶级斗争的推动下，武术也有了一定的发展。武术同自卫与战斗密不可分。最早的甲骨文、金文的"武"字从戈从止（止即足），意即持戈作战或舞练。在罗振玉增订

的《殷虚书契考释》中，甲骨文与钟鼎文^①所涉及的武器有弓、矢、戈、斧、戟等，从图中的甲骨文可以辨认出有的是两人徒手相搏，有的是持械准备格斗，一人持斧想战胜另一方。此外还有矛、射等兵器的形象。在西周铜器上的铭文中，还有的甲骨文字像在练武等（图2-1）。

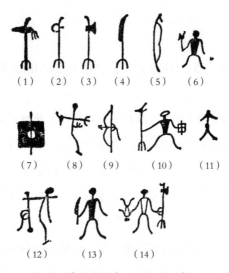

图2-1　商代各类武器及其使用情况
（1）戈　（2）钺　（3）斧　（4）刀　（5）弓　（6）一手持斧
（7）盾　（8）肩扛戈　（9）射　（10）一手拿戈，一手拿盾
（11）矢　（12）伐　（13）一手持刀　（14）一手拿斧，一手捉俘虏

---

① 甲骨文即商周时代刻在龟甲、兽骨上的卜辞文字，也是我国已发现的最古老的文字。钟鼎文亦称金文，用在西周王朝的铸器上。

甲骨文字中还有这样一条记载："卜贞，臣在斗。"（见《殷虚书契前编》前二、九、三）这描述了奴隶相搏、相角斗的活动。

第二节　作战的方式及规模

武术发展史虽然与战争的发展史不同，但武术的发展却与战争发展过程中兵器使用的演变及攻防格斗技术的不断提高分不开，它是从战争发展的历史长河中派生出来的。

为适应战争的需要，商代奴隶主阶级建立了旨在维护其统治的常备武装。奴隶平时种地，战时被征打仗，平时寓兵于农，战时强征入伍。

从每次参加战争的人数看，少则3000，多则5000，在当时看来，规模还是较大的。

甲骨文卜辞中有"勿登（征）人三千乎（呼）伐固方"[①]的记载，意思是不要临时征集士卒以征固方，应事先征集之后再训练一下。这就不同于远古时代凡参加跳舞的人就是要立即奔赴战场的志愿兵了，训练实际也就是练武的过程。

---

① 据郭沫若考证，固方在泏西，殷之西北，河套附近，系猃狁部族。

由于军事作战的需要，不仅促进了武器种类由简单到复杂、由单一向多样化的发展，同时也促进了各种攻防格斗技术的提高和发展。当时在北方平原，战争形式多以车战为主，战斗的主力军是车兵，即甲士。每乘战车载甲士3名，按左、中、右排列。"兵车之法，左人持弓，右人持矛，中人御。"（见《诗经·鲁颂·閟宫》）左方甲士持弓主射，是一车之首，称"车左"，又叫"甲首"。右方甲士持矛主击刺，并有排除战车障碍的责任，称"车右"，又叫"参乘"。居中是驾驭战车的御者。每辆兵车，除甲士外，还配有御者一二人，步兵10人，防止单枪匹马，孤军作战。例如，著名的《禹鼎》铭文说："戎车百乘，斯（厮）驭二百，徒千。"后来，兵车形制比商代有所改进，规模也更大了。西周时，"武王之伐殷也。革车三百两。虎贲三千人"（见《孟子·尽心》下），可见兵器改进更明显了。车战时，据《周礼·考工记》载，车兵之五兵（戈、殳、戟、酋矛、夷矛）都插在战车的两侧备用，打起仗来先是用远射的弓矢对射，待到战车错毂格斗时，长兵中的戈、戟、矛、铖、殳等就成了重要武器。一旦扭斗在一起，距离逼近时，短剑等又发挥了作用（参见第三章第六节）。

　　在车战之前，没有发现骑战，这是因为不允许奴隶驾骑。奴隶主毕竟是少数，骑在马上不如坐在车上，有奴隶来充当步兵跟着保护更安全。因此，车战出现早于骑战。

北方平原适于车战，南方吴越地区则山多、林多、水多，战车行驶不便，故仍以步兵为主，各种战船也成了军队中不可缺少的水战工具。但是，战车也好，战船也好，交锋时，使用武器的方法大体上是一样的，由远而近，由对射到对打，这些方法也正是武术的技术内容。

第三节　以铜为兵及剑戟的发明

在商代，由于战争的需要，武器不断改进，特别是随着冶铜业的出现，铜矛、铜戈、铜斧、铜钺等兵器大量使用起来（图2-2）。

长兵中的铜矛、铜戈，在当时是颇有威力的武器。矛与戈是长兵，长度几乎接近人体躯干的3倍。"凡兵无过三其身，过三其身，弗能用也。"（见《周礼·考工记》）矛头构造，近似现在的枪，只是略长些，有曲刃，顶端有尖，侧有二刃，中为脊，两旁有槽，以出血进气，主刺杀，脊下延为骹以冒柄，防止刺中拔出时矛头脱落。有些在骹旁铸两个半环纽，或在矛身两侧留两个小孔，用绳缚于木柄上以加固。殷时，矛头大而中宽。周时，矛头小而窄长。由枪头的这种演变可推测出当时

图2-2 1959年四川省彭县竹瓦街出土的殷代铜矛、
铜戈、铜斧（四川省博物馆藏）

刺、扎的方法相当多，准确性也提高了。

戈是由镰刀演化而来的，戈刃朝内，多用于钩割。从戈的穿胡二部的改进，可看出它的主要用法。胡是戈基接近木柄下垂部分，穿是胡上小孔，用于穿绳，把戈头缚于木柄上加固。1963年5月，在山西省永和县西南下辛角村发现的殷代铜器中就有铜戈（图2-3）。出土的殷代铜戈有直内戈、曲内戈两种，都无胡无穿，因此戈头与戈柄固定不牢，钩割时容易松动。另有一种是銎内戈式，以圆銎戴木柄上，但易于脱头，因而逐渐被淘汰。到了西周时，主要用直内式的一种戈，而且朝下延长戈的内刃，在基部弯曲一小段，呈弧形，再从胡中铸成一个小

中国武术史

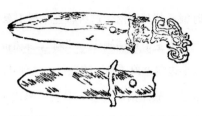

图 2-3　1963 年 5 月在山西省永和县西南下辛角村发现的殷代铜戈

上图是饕餮纹曲内戈，通长 25.7 厘米

下图是直内戈，无纹饰，通长 19 厘米

穿，这样固定在木柄上就不易松动，比殷戈更牢固，戈刃呈弧状延长，攻击性就更强了。所以，出土的西周铜戈，大多是这样短胡一穿的形式。自西周末年到春秋初期，戈式又由短胡一穿改进为中胡二穿式，战国时则又改进为长胡三穿式。胡愈长，穿愈多，也愈牢固。另外，在戈的形状和刃的长度方面，也有微妙的改进。这些改进都是围绕着突出内刃的作用，便于钩割，更利于发挥作用，使戈头不致脱落。这些都是当时人们战斗经验逐渐积累的结果。《尚书·费誓》载"锻乃戈矛，砺乃锋刃"，说明周人已使用了铁戈、铁矛。

在矛的基础上结合戈的优点而制成戟。戟发明于西周末期，兼具钩割、刺杀等功能。戟的构造已脱去了原始工具的雏形，是当时专为作战制造的新型武器。这种新型武器是以矛体为主，侧有一横刃，装柄时仍用矛骹戟柄。这种戟刺出时虽有力，但钩杀时戟头却易脱落。这种戟在辛村卫墓中只见一柄。另一种是以戈体为主，顶端别生一"刺"，装柄时用戈的内柄凿，而以柄端半边向上顶"刺"的缺口，这种刺出虽无力，但钩杀时不易脱头，故比前种为多，辛村卫墓出土的就有10多柄。但这戟仍不完善，经过不断改进，在西周时又出现了一种戟把横刃和直刺分别铸造，铸成后再用木柄装而连之，这样直刺既有力，横钩时亦不脱落，比前两种有了明显进步。1959年，在四川彭县竹瓦街出土的铜戟就是这种结构的（图2-4）。此外，商周时还有铜钩戟（图2-5）。

从西庵遗址还出土了斧、钺、盾牌等。斧与钺的区别在于斧刃比钺刃窄。钺刃较宽大，呈弧形，似新月，用于劈砍；也以内入柄，用上下齿或上下穿和中圆孔缚于柄。1959年，在四川彭县出土的殷器中有铜钺、铜斧等。在《史记·殷本纪》中载有"汤自把钺以伐昆吾"，这说明钺是当时的主要武器之一。1972年，在河北藁城台西村商代遗址中还出土了铁刃铜钺，即在铜制钺身前嵌铸铁质钺刃。经冶金部钢铁研究院鉴定，确认铜钺的刃部系古代冶炼的熟铁，做法是先将刃部加热锻打成形，然后在铸钺身时将刃部铸入器身之内，但也有人认为系用铁陨石制成（图2-6）。武器的不断改进与发展，无疑也推动了使用武器的技术和方法增多。

图2-4　1959年在四川省彭县竹瓦街
出土的周代铜戟（四川博物馆藏）

图2-5　西庵遗址（山东胶州市
西庵村东南）西周墓地中出土
的"卜"字形铜钩戟

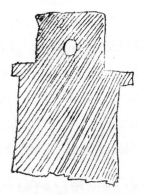

图2-6　河北省藁城商代遗址出土的铁刃铜钺

盾牌是手执的防护武器。初民战斗时用木干以御矢石。木干就是干，干上编附藤条或树皮或皮革，以扩大掩护面，或方或圆，就叫作盾。《释名》载："盾，遁也，跪其后，避以隐遁也。"《说文》载："盾，……所以扞（捍）身蔽目，象形。"这说明它是一种防御性武器，成了防护刀、剑、枪、矢等武器的较好掩体。

商周时的盾牌[①]，多用皮制，形制较大，上面钉有大小不同的圆形青铜部件，以加强防护能力。此外也有兽面形盾牌，形象狰狞、威严。经过漫长的岁月，这种防御性武器逐渐被对练套路所吸收，从现代的矛与盾对打、单刀盾牌进枪、三节棍进盾牌刀等，仍可看出古代作战时盾牌所起的防御作用。

西周时，短兵还出现了铜制的刀剑。1956—1957年，在陕西长安张家坡出土了西周末年扁茎而短小的剑，全长不超过27厘米。1975年，在陕西宝鸡市茹家庄出土了西周铜剑2把，一把长30厘米，另一把长35厘米。同年，在北京北郊昌平县白浮村出土的西周文物中，有短剑6把，最短的25厘米，最长的45厘米。这些都证明西周已经有了新型的短兵铜剑（图2-7）。至于诸种传说，如"葛天卢之山，发而出金，蚩尤受而制之，

---

① 《中国古代的甲胄（上篇）》，见《考古学报》1976年第1期；见《长沙发掘报告》，第57—58页，长沙战国墓第406号出土漆盾两件。

中国武术史

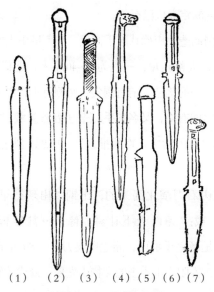

（1）　（2）（3）　（4）（5）（6）（7）

图2-7　西周青铜短剑

（1）长安张家坡出土的西周最早的青铜剑（原载中国科学院考古研究所：《沣西发掘报告》，文物出版社，1962年）。

（2）—（7）北京昌平区出土的西周早期短剑（原载杨泓：《中国古兵器论丛》，文物出版社，1980年）

以为剑铠矛戟，此剑之始也"（见《管子》），又如"帝采首山之铜铸剑，以天文古字铭之"，以及《黄帝本纪》和《古今刀剑录》一书中所说的"最早的一器是夏子启所铸"等等，根据考古资料，在全国各地商代遗址中虽还未曾发现这种剑，但根据上海博物馆藏商代人头铜纹剑及青龙县发现的商代羊首曲柄青铜剑，可以断定商代已有剑。

早期铜剑制造，应确认起于商代。从大量出土的自商到西周的剑来看，大都较短，一般为25～40厘米，近似今之匕首，不适于劈砍。剑的构造为前有剑尖，两侧有刃，中有剑脊，下为柄，柄刃之间有格，又名护手。《晏子春秋》载，"戟拘其颈，剑承其心"，"曲刃钩之，直兵推之"。可见，剑法主要是刺、扎的动作。

铜刀是由石刀演化而来的，比铜剑出现得早。《吕氏春秋·行论》载："尧以天下让舜。鲧……甚猛兽，欲以为乱。……于是殛之于羽山，副之以吴刀。"1976年春，中国科学院考古队在安阳小屯出土的文物中发现了商代的铜刀。1974年，湖北省黄陂县盘龙城也出土了商代铜刀10把。1970年8月，山西罗村公社发现了全长36厘米、宽3.8厘米的商代铜刀（图2-8）。甘肃马家窑和马厂文化遗址出土的铜刀，距今约有5000年之久，是我国目前发现的最早青铜刀。这些都是最早的实物，证明商代确有铜刀。到了西周，刀形就有了变化，成了弓背凹刃，剖面为"丁"字形，刃柄间无明显分界，柄部略厚，近刃部有圆圈穿孔（图2-9）。

相传，昆吾制的刀剑最著名。昆吾是很古老的氏族，在今河南汉阳县西南，在商代就以制作陶器出名（"昆吾作陶"

图2-8　商代晚期铜刀花纹拓本

图2-9　西周铜刀

见《吕氏春秋·君守》《尸子》《世本》《说文》等），后来制作铜器。据传昆吾之刀可以割玉，"周穆王时，西胡献昆吾割玉刀及夜光常满杯。刀长一尺，杯受三升，刀切玉如切泥"（见《海内十洲记·凤麟洲》）。昆吾剑在《列子》《博物志》《拾遗记》《后汉书》等书中也都有记述。

新武器的出现是由逐步总结历来战斗的攻防效果，不断加以改进和不断创新而来的。例如，长兵中的长矛、大斧、戈等较适合于长距离格斗，而一旦双方逼近时，长兵就失去"长"的优点，就要用短兵来对付。早期的剑，短小如匕首，且许多剑柄茎中空，无剑格，似矛头的变体，因此很可能剑是由矛头演进而来，把矛的木柄去掉，以便短兵相接时使用。为了更适合实战的需要，以后又逐渐加长剑身，再加剑格，以保护手臂，就成以后的剑了。又如，矛只能刺，不能钩割，于是作为矛、戈合并体的戟就应运而生了。有了一种兵器，也必然产生该种兵器的使用方法和相应的防守方法。例如，枪的刺、扎，斧的劈、砸，戟的刺、钩、割，刀的劈、砍，剑的刺、抹等任何兵器的用法，都是在战斗的实践中积累、发展起来的。尽管当时还没有出现描述这些攻防方法的记载，但实践中使用的攻防方法是客观存在的，即使在现在看来是非常简单、单一的技术动作。

在武器简陋的情况下，士兵的身体强弱、技术能力高低就成为决定军队战斗力强弱的直接因素。练武是为了掌握军事技能，同时也成为强身手段。

第四节　有了对抗形式的比赛

据推测，殷代的武艺技术已经比远古时代有了飞跃的发展。郭沫若的《殷契粹编》中的卜辞载："丁酉卜，其呼以多方小子小臣，其教戒。"郭沫若注云："多方，多国也，以多方小子小臣其教戒当为一词。教即教学；'戒'字原作**戋**，像人手持戈，见《说文》，戒殆戒之省。考教戒一词，可能为武术传授之戒教。"从卜辞的记述中可看出当时别国学生来中国学武的情况，可见殷代武术发展的程度是很高的。

拳术是练武的基础,"无拳无勇,职为乱阶"(见《诗经·小雅·巧言》)。这是历史典籍中出现的最早的"拳"字。无疑,拳是指攻防格斗技术,说明当时鼓励有拳有勇,认为拳勇是治国平天下之大旨,无拳无勇则会盗贼兴起,国家混乱。孔子为鲁相,力主"有文事者,必有武备"。《礼记·王制》载:"凡执技论力,适四方,赢股肱,决射御。"这仅是提倡拳勇的措施之一,表明当时已经有了以比赛形式出现的运动,并通过对抗方式用"执技论力""赢股肱"来决胜负,促使拳斗技术有了显著的发展。此外,射箭也列为比赛项目。据《穀梁传》载,周朝还有两个高手叫秦堇文与叔梁纥(孔子之父)"以力相高"。当时既然有了比赛,必然也会伴随技术上的交流,进而促进技术的提高和发展。

第五节　规定了专门训练时间及训练内容

奴隶社会已不像原始社会那样只通过舞蹈形式来起到练武的作用。奴隶和劳动者平时务农,发生战争时则不免应征入伍。因此,统治者于每年冬季对奴隶和劳动者进行训练。《国语·周语》载:"三时务农,而一时讲武,故征则有威,守则有财。"三时,指春、夏、秋,一时,指冬季,讲武就是习武。

《诗经·七月》详细记载了一月至十二月的全年活动，文中有"二之日其同，载缵武功"的叙述。《礼记》也记载了"孟冬之月，天子乃命将帅讲武，习射御，角力"。角力与赢股肱，实为同义语。《礼记·文王世子》载："凡学……春夏学干戈，秋冬学羽籥，皆于东序。""干"是指盾牌，系防守武器，戈是进攻武器。有了这样较为具体的练武安排与具体内容，看得出当时对武功是很重视的，因为统治者知道武功是加强统治、准备战争的重要手段。练武的内容除射箭外，从"拳勇""股肱"来判断，还应包括徒手的拳打脚踢等攻防技术，因为这些技术也是紧密围绕击打格斗技术的练习。但训练中，也有武舞的因素，如"舞者，乐之容，用之于武事，则为武舞"（见《山堂肆考·征集十五》）。

第六节　武舞和练武逐渐分化

从历史渊源来看，当时武舞与练舞很难截然分开，两者既有区别，又有联系。《诗经·齐风》中的《猗嗟》有歌颂鲁庄公本领的一首民歌："舞则选兮，射则贯兮。四矢反兮，以御乱兮。"这是说他的武舞异常出众，射箭射穿靶子，四箭都射穿了靶子，这种本领正好可以抵御作乱。可见，武舞当时已是训练内容的一种。

武舞也往往和祭祀大事或宗教活动结合起来。甲骨文有"甲戌翌上甲，乙亥翌匚乙，丙子翌匚丙"之刻（见《殷契粹编》）。翌是羽翼，翌祭就是持羽籥、干戚而跳舞之祭。在武官村殷代大墓中曾发现绣有鸟羽痕的小戈，这也证明殷代有舞干羽以祭的活动。

根据考古资料，甲骨文载有"王其乂（侑）于小乙妣羊五，王受又（佑）""伐十人""王留北羌伐""又伐于上甲九羌"。罗振玉把"伐"解释为"武舞"，郭沫若认为是"干舞"。《诗经》载："是伐是肆。"笺云："一击一刺曰伐。"《山海经·海外西经》载："大东之野，夏后氏于此舞九伐。"夏后代名启，相传是大禹的儿子，建立了我国第一个奴隶制国家——夏。上述几种传说是指曾在开阔的野外练武，操练时在进攻中手持的武器有各种攻防招式的变化。

武术原与军事训练密不可分，在制胜之余，往往即兴表演那些赖以制胜的经验，以示威武和荣耀，这就成为舞。古书上所说的"手之舞之，足之蹈之"的这种载歌载舞的景象，就是用歌舞来显示武勇凯旋的。古书上说的"振武""耀武""舞干羽"等都是显示胜利的武舞。

武王伐商前夕，用武舞鼓励士气，名曰"武宿夜"。《礼记》

载："朱干玉戚，冕而舞《大武》。"《诗经·周颂·臣工之什》载："周公摄政六年之时，象武王伐纣之事，作大武之乐。"《史记·乐书》载，孔子对大武的解释是："总干而山立，武王之事也。发扬蹈厉，太公之志也。武乱皆坐，周召之治也。且夫武，始而北出，再成而灭商，三成而南，四成而南国是疆，五成而分陕。周公左，召公右。六成复缀，以崇天子。夹振之而四伐，盛威于中国也。分夹而进，事蚤济也。久立于缀，以待诸侯之至也。"大武是作战时的攻防动作的舞蹈。"总干而山立"，是总持干盾，山立不动。"发扬蹈厉"，是举袂顿足，奋发武威。"武乱皆坐"，是行伍忽动，一齐跪地。"成"，是段落，奏至六成，队形复合。"夹振"，是二人执铎以按节。"四伐"，一击一刺为一伐，以干戚向四方击刺。"分夹而进"与"久立于缀"，是队形散开和集合的变化（图2-10）。根据上述可见，武舞表达的主题思想是"武王之事"、"太公之志"、战胜南旋、奠定南国、周君如何偃武修文等，但经过加工提炼的击刺动作，仍是比较朴实而近于实战的。当时武舞中已有弓矢舞、持干戚舞、持矛舞、持钺舞等。例如，《北堂书钞》载："帝俊始为舞，阴康始教民舞，舞以导之，舞以宣情，舞以尽意，节八音而行八风，观其舞，知其德，隐公六佾……持矛助生……持钺助杀，持干助藏。"从记载中看，无论是操干戈或持矛钺，其动

图2-10　古代演练的武舞（魏晋彩碑）

机和直接目的都有演练军事技艺的因素，所有的操练不仅有各种身体活动，而且练习的动作也多是进攻和防守的内容。这些原始的军事技艺无疑对后世武术套路的发展会有一定影响。以后，武舞随着"舞"的艺术因素增多，"武"的攻防格斗因素减少，逐渐被练兵中的军事训练内容所抛弃，成了专门供人欣赏的宫廷艺术了。但武舞中的套路形式及其丰富的演练技巧却成了以后武术套路技术中的主要内容。

第七节　射的发展

射弹丸与弓矢是一种射远兵器，可不交手而收攻杀之效。

《庄子》载："见弹而求鸮炙。"《弹歌》曰："断竹，续竹，飞土，逐肉。"（见《古诗源》）可见，射弹丸技术比射箭还早，与弓矢都成了攻战中的重要武器。弓矢出现可远溯到中石器时代。不过，那时所用的镞是骨制或石制的，直到商代才有铜镞，但骨石镞仍盛行，因镞射出后不会复返，是消耗性很大的武器，在当时铜材并不充裕的情况下，还不能完全用铜镞来代替。镞形大致有薄匕式、圆锥式、三棱式、平头式4种，以薄匕式为多。

发矢的弓，很早使用"骍骍角弓"（见《角弓》）。到《周礼·考工记》问世时，弓则以木为干、以筋为表、以角为里，再用胶和、丝缠，外加漆涂。有了弓矢，其使用方法就是射的技术。射除用于作战、狩猎外，也成了教育的一个内容。当时，男子几乎无不习射。《礼记》载"射者，男子之事也"，"成童，舞象，学射御"。为了传授射的技术，还建立了射宫（陈澔注："射宫，而威天下守国家之器也。"）。同时还设庠序等学校，都是用于奴隶主贵族子弟学习的地方。列入教育内容的"六艺"中就有射御。奴隶主之所以这样重视射御，是因为射御对于用以强化奴隶主统治的军事训练有不可忽视的积极作用。军队田猎攻守时，把射作为练武活动，正如郑锷所说："射之为艺，用于朝觐宾燕之时，其事为文。用于田猎攻守之时，

其事为武。"(见《古今图书集成》)

由于战争和人民实际生活的需要（如狩猎、防盗等），习射成了普遍现象。例如，在"六艺"中，习射以五射为主。五射即白矢、参连、剡注、襄尺、井仪。

白矢——射穿箭靶。

参连——三箭连发。

剡注——水平箭。

襄尺——平肘直臂。

井仪——四箭射透箭靶，形如"井"字。

在当时流行的民歌中反映了射已有比赛的形式。《诗经·小雅·宾之初筵》载："射夫既同，献尔发功，发彼有的，以祈尔爵。"其大意是说，各自找到比赛的对手，献出各人的射箭本领，争相射中目标，以便罚你（没射中的）喝酒。

由于射的发展，在技术上遂逐渐积累了一些经验。《礼记》载："故射者，进退周还必中礼，内志正。"统治阶级用"内志正"等来约束射者服从"周礼"，但所说"外体直，持弓矢，审固，然后可以言中""箭发则靡其弰，直指于前，以送矢。所谓撇挒是也"等，则指射的技术要求和要点。关于这句话的注解云"撇者，后手摘弦，如撇断之状，翻手向后，仰掌向上，令见掌纹也。挒者，以前手点弰，如挒物之状，令上稍指的下弰指脾骨下也""襄，平也。尺，曲尺也。谓平其肘，使肘上可置杯水，盖架弦毕，便引之，比及满，使臂直如矢也""开弓圆满似井形也"。这些记载详细描述了射的技术规格、要求和细节，可见当时射的技术发展已经达到相当高超的水平。

西周行"礼制"，随着射箭的发展，与礼结合，反映在射上也有了严格的礼仪程序和等级规定，谓之"礼射"，按等级分为"大射""宾射""燕射""乡射"4种制度。所用的箭靶，系画在皮上或布上，以虎、熊、豹、麋等的头部绘形作为目标习射。

第八节 五行说与八卦说

武术的发展，与当时的哲理思想是分不开的。商周交替时，出现了朴素的唯物主义的阴阳五行说。例如，《易经》提出"一阴一阳谓之道"，把阴阳交替看作宇宙变化的根本规律。关于五行，最早见于《尚书·洪范》《左传》《国语》。五行是古代思想家企图通过日常生活和生产实践中所常见的木、火、金、土、水这5种最熟悉的物质来观察事物相互滋生、相互制约的关系，并以此来阐述事物的发展变化。

五行说在民间长期普遍流传，到清初所出现的形意拳就是附会五行说而创编的拳术，至今仍在民间广泛流传。

除早期的五行说之外，还有早期的八卦说。八卦原是8种符号，却被赋予各种不同的概念：

乾为天，　　　　坤为地，

兑为泽，　　　　艮为山，

离为火，　　　　坎为水，

震为雷，　　　　巽为风。

八卦中每两卦都是对立的，由于阴阳是八卦的根本，互相结合交感就产生了物。八卦起源的传说源远流长。早期八卦说产生在商周交替时期，所谓伏羲画八卦、文王作《周易》等。经过若干朝代后，到了清代，八卦也逐步被人附会编成八卦掌而流传至今。

第三章　春秋战国时代的武术

第一节　车战向步骑战过渡

春秋战国之际，诸侯相竞，讲求武备，又因与夷狄杂处，非尚武事不足以图存，因此是一个列国混战、攻伐最剧烈的时代。

激烈的政治斗争，最终必然用它的最高形式——战争表现出来。连续不断的战争是这个大变革时期的一个特点。春秋240年间，战争竟达480余次。战国182年间，战争也有数百次。在这种频繁用兵、连年征战的过程中，无疑会促使兵器得到改进和使用，使攻防技术得到研究、总结和发展。但是，"暴力还是由经济情况来决定，经济情况供给暴力以配备和保持暴力工具的手段"（见恩格斯：《反杜林论》）。春秋时期虽然比商周有了进步，但生产工具和武器等仍是极其简陋的，能够提供给作战的武器只有铜制的戈、矛、剑、戟及弓、弩、矢、盾牌等。交通运输工具也只有马车、牛车。①战车作战方式处于低级形态，但在骑兵出现之前，战车是军队中唯一的快速机动力量，特别对步兵而言。因此，军力的大小以战车的多寡来计算。凡是起兵打仗，要"驰车"千辆，"革车"千辆，士兵10万，还要千里送粮。②所谓"驰车"，即四马驾的轻型战车，用来装载士兵。所谓"革车"，即重车，要配备骑兵10名，主要装载军械。战争的胜利，要靠战车的会战来取得。作战时，双方排列成整齐的车阵，战车上插着长戟、短矛、长矛、殳、戈5种兵器，称为"车之五兵"（见《周礼·正义》卷八二）。交战时，车阵一乱就很难重新组合，因此一般在较短时间内就可以决定胜负。

在水上作战，和车战大体一样，不同的是双方在船上先是对射，再用矛、戈、戟，再近时就用卫体短剑。从战国早期水战图像中可以观察出当时作战的一个侧面。战国早期水战图已经发现3件。1935年，河南汲县山彪镇发现两件大致相同的水陆攻战纹铜鉴（见郭宝钧:《山彪镇与琉璃阁》，科学出版社，

---

① "公家之费，破车，罢马，甲冑矢弩，戟盾蔽橹，丘牛大车。"（见《孙子兵法》）

② "凡用兵之法，驰车千驷，革车千乘，带甲十万，千里馈粮。"（见《孙子兵法》）

1959年，图3-1）。1965年，又在四川成都百花潭中学出土一件带有水战图像的铜壶（图3-2）。^①从这些图像中清晰可见，有的在船首竖立大旗，旗杆顶端安有戟头，旗后有的旗士腰佩短剑，有人俯身挥剑杀敌，有人执长柄戟和矛向敌船进击，船尾有人击鼓；有的图像中所用武器有弓矢、戈矛，戈矛比车战中使用的还长，桨手身佩短剑，再现了战国水陆作战时的画面。可以看出，这种较低级的作战方式，也必然反映出当时武

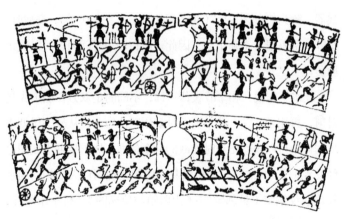

图3-1　1935年河南汲县山彪镇一号墓出土的水陆攻战铜鉴的鉴纹摹绘

---

　①　四川省博物馆：《成都百花潭中学十号墓发掘记》，见《文物》1976年第3期。

　　　　　　　　　　　　　　　　　　　　中国武术史

术技术动作的内容和方法。当时士兵需要的武术技术动作主要是紧密围绕车战的需要而发展的。随着时间的推移，铁器的广泛使用，机弩的发明，加之"初税亩""决裂阡陌"的改革，井田制的废除，遂使原来适宜于车战的宽而直的道路也发生了变化。这种情况使战车的作用逐步减小，而步兵、骑兵的作用日益加强。

图3-2　成都出土的铜壶及其水战图像（中国国家博物馆藏）

第二节　机弩的发明和铁兵的出现

战国时，大多数奴隶经过斗争变成了在某种程度上自己支配自己的农民，从而促进了生产力的发展，为车战向步骑战过渡准备了条件。

这时，军事上以步骑战为主的野战逐渐代替了笨重的车战（图3-3），以步骑兵为主的编制也随这种变化而逐步缓慢地发生着改变。各国不仅建立了强大的骑兵部队，形成了完善的骑兵编制，而且还产生了骑兵作战的战术。尽管如此，骑兵还没成为作战主力，其地位仍在战车兵之下。战国末期，赵国大

图3-3　洛阳金村出土的铜镜上春秋时代骑士持剑刺虎图

中国武术史

将李牧编组的军队还把战车兵列在骑兵和步兵前面，但从车骑数量看，骑兵在军队中占的比例是相当大的。随之而来的是军队战斗队形和指挥艺术的相应变化，著名的《孙子兵法》①《尉缭子》就深刻地反映了这种变化。随着作战方式的改变，武器也在改变。例如，机弩的出现，使长度几乎接近人体躯干3倍的长兵离开了车战则毫无用处。为了在步骑战中能够使用，长兵已明显地变短，并且重量相应减轻，以便使用起来能更得心应手。从攻防方法上来看，由于兵器过长、过重，过去只能进行钩、割或直刺的戈矛，现在也可以使用劈、拦、扫等技击方法。铁兵的出现，从制造工艺上解决了短兵由短变长的问题，也可以更好地发挥剑刃的作用，从而挂、撩等各种剑法才有可能出现。总之，武器的改进，长兵的缩短，短兵的延长，以及弩的使用，使武艺的内容、方法也更加丰富、充实。

第三节　重视提倡拳勇、技击

战国时期，战争频繁，参加战争的人数众多，所以士兵体质强弱与技能高低往往成为决定军队战斗力强弱的重要因素。

---

① 《孙子兵法》是我国著名兵书，也是世界最早的兵书，系我国古代大军事家孙武所著。孙武，字长卿，春秋末期人。

例如,《册府元龟》载:"春秋之际,以兵战为务,故以强有力闻于时者为多焉。"《管子·七法》载:"存乎服习,而服习无敌。"房玄龄对此注曰:"存,谓专立意存之。服,便也,谓便习武艺。"由此可见当时练武之盛。

当时,各国诸侯大都崇尚武功。《汉书·艺文志》追述当时各国习武强兵的情景时说:"自春秋至于战国,出奇设伏,变诈之兵并作。"《汉书·刑法志》载:"齐愍以技击强,魏惠以武卒奋,秦昭以锐士胜。"其意思是齐王有善于技击的强兵,魏惠王有奋战的武卒,而秦昭襄王则有克敌制胜的锐士。

为了适应作战需要,各国对士卒都加以严格训练,主要是锻炼胆量、体力、拳脚。这从魏国所创立的选拔武卒制度中可以看出来。《荀子·议兵》[①]中记载了考试要求,即要携带全副武装,身穿三层皮甲,挽十二石的强弩,背负箭袋,里面装足五十支箭,上面还要放一个铜戈,腰间挎着宝剑,头上戴着皮制盔帽,并带足三天的口粮,每天行军一百里,天明出发,中午到达目的地。按这些规定考取的战士就免除他家的徭役,田宅也不征税(原文为:"魏氏武卒,衣三属之甲,操十二石之弩,负矢五十个,置戈其上,冠胄带剑,赢三日之粮,日中而

---

① 荀子,名况,战国末期赵人,其代表作是《荀子》。

趋百里，中试则复其户，利其田宅。"）。看来，武卒除要会拳术外，随身带的远兵弓矢、长兵戈、短兵剑的运用技能如何，也是考试的重要内容，他们必须具备多方面的战斗技能。秦国的士卒叫"锐士"（见《荀子·议兵》）。他们练兵的内容还有投石、超距、角力的训练，并且非常重视选拔有拳勇的人，要求"于子之乡，有拳勇股肱之力，筋骨秀出于众者，有则以告。有而不以告，谓之蔽才，其罪五。"（见《国语·齐语》）。《尚书·益稷》中解释："股"是大腿，"肱"是臂膊。有而不报，就是埋没人才，就要按五刑之罪，给予惩罚。

春秋时，管子治齐尚拳术，后来孙膑到齐国又提倡拳术，所以战国时齐人独以技击著名。《荀子·议兵》载："齐人隆技击，其技也，得一首者，则赐赎锱金。"意思是作战中利用技击取得一个首级者，赏八两青铜。《吴子·图国》载，吴起曾向魏武侯建议把民众中"有胆勇气力者……乐以进战效力，以显其忠勇者"以及"能逾高超远、轻足善走者"集中起来编成队，以便作战中能"内出可以决围，外入可以屠城"。从以上记载中可看出，武术的技击作用，一开始就被人们所重视，但武术的健身作用也不是今天才出现的。孙子就曾指出"搏刺强士体"，意即击刺、搏斗除了较量武艺外，也有增强体质的作用。技击与健身的双重作用，都是军事训练中所企求的重要方面。

我国有些古代历史文物栩栩如生地展现了人们操练身体的形象。例如，在嘉峪关市西北黑山湖附近，在山势陡峭的岩壁石面上就保存了春秋战国时代练武的黑山石刻画像（图3-4）。石刻画像面分为上、中、下3组，每组人数不等。第一组位于最上层，横排列队。第二组居中间一层，横排列队。第三组位于岩面最下层右角，横排列队。人像大小不一，有的双

图3-4 黑山石刻画像练武图摹绘
（图像凿在发亮的黑紫色的石岩山上，似为羌族、大月氏或匈奴早期遗物）

中国武术史

手叉腰，有的一手叉腰；有的头上有尖长状饰物，似短翎；细腰，有着短裙者。从图中可明显看出练武主要是训练攻防格斗的技击能力。清王先谦的《荀子集解·杨倞注》载："技，材力也，齐人以勇力击斩敌者，号为技击。孟康曰：'兵家之技巧。技巧者，习手足，便器械，积机关，以立攻守之胜。'"从这段注释中也可看出，当时练武的主要内容是以技击为主的攻防格斗技术，并且是以作战需要为前提的。韩非主张"文德不如武备"，"习礼不如讲武"。他对当时已失去攻防意义的武舞抨击说：手拿盾和斧跳舞的官绅，是敌不过手持标枪的战士的，按周礼行事的儒生，是永远也追不上日中就能跑百里的武卒的，按音乐节奏行礼射的人，是无法抵抗强弩疾射的［原文为："擂笃干戚，不适有方铁铦，登降周旋，不逮日中奏百，《狸首》射侯，不当强弩趋发。"（见《韩非·八说》）］。

第四节　文武分途

古代的士是低级的贵族，统指武士，他们既有统驭平民的权利，也有执干戈以卫社稷的义务。随着社会的发展，文士内容日益增多，又不能废武事，于是文武兼包之士逐渐分途为二：惮用力者归"儒"，好用力者为"侠"，亦即儒者专于文，侠者专于武。《韩非子·五蠹》载："儒以文乱法，而侠以武犯禁。"这指出了儒侠对于国家、社会的作用不同，也说明"文武分途"明显了。武侠也称游侠，"专趋人之急"伸张正义，除暴安良，崇尚侠节，武侠现象是小农经济的必然产物，也成了传统文化的主要载体。文武分途自战国至西汉大约经历了500年的时间。文武分途后，文人轻武，武者不文。专门从事武事活动的人，对原有武术技术的提高虽起到了促进作用，但又由于文化限制，能够留传后世的记载武术技术的文字不多，武术技术多靠"口传身授"往下传，以致造成不少精微奥妙随人亡而消失。专门从事文事的人，逐渐又轻武，不懂武，对武术中的攻防技术无法确切地加以记录，而精于武艺者又不能著书立说以阐其奥，或有述其妙者又不能解其术，故自西汉以后，武术专著已不多见。

第五节　从相搏看比赛的雏形

拳术自古以来受到重视，因为它是掌握其他兵器的基础。当时，拳术水平的高低要通过相搏这一形式的比赛来衡量。《释名》载："相搏，搏谓广搏以击之也。然举手击要，终在扑也。"

当时相搏普遍流行，喜爱的人众多，甚至有人连做梦都在与人搏。僖公二十八年（公元前632年），"晋侯梦与楚子搏，楚子伏己，而盬其脑"。赵简子听说牛谈有力，请来与其臣少室周比赛，败于牛谈[原文为："少室周为赵简子右，闻牛谈有力，请与之戏，弗胜，致右焉。"（见《国语》）]。

僖公元年（公元前659年），鲁公子季友俘获了莒拿，并不处置，却提出与莒拿相搏，并且命令其部下退开，不要帮助自己。在相搏过程中，季友处于劣势。在左右催促下，季友竟违背了徒手相搏的约定，抽宝刀杀死了莒拿[原文为："冬，十月壬午，公子友帅师败莒师于郦，获莒拿。……公子友谓莒拿曰：'吾二人不相说，士卒何罪？'屏左右而相搏，公子友处下。左右曰：'孟劳！'孟劳者，鲁之宝刀也，公子友以杀之。然则何以恶乎绐也，曰弃师之道也。"（见《春秋·穀梁传》）]。

关于相搏的技击方法，《荀子·议兵》和《资治通鉴·秦纪》载："若手臂之捍头目，而覆胸腹也，诈而袭之，与先惊而后击之，一也。"《荀子集解》注："先击头目，使知之而后击之，岂手臂有不救也。"以上记载，虽属譬喻，但可悟出拳术中的一些道理，如有进攻，有佯攻，有格挡防守，也有击上打下的战术运用等。

攻防技击技术，除打法外，摔法、拿法也有发展。《公羊传》载："万怒，搏闵公，绝其脰。""绝其脰"就是擒拿中的锁喉法。

为了使武艺得到交流，每年春秋两季，天下武艺高强的人还要云集一起进行较量。《管子·七法》记述了当时的情景："春秋角试，……收天下之豪杰，有天下之骏雄"，"故举之如飞鸟，动之如雷电，发之如风雨，莫当其前，莫害其后，独出独入，莫敢禁圉"（意思是武功好的，在比赛中跳跃时敏捷得像飞鸟，行动时勇猛像雷电，爆发时像急风暴雨，在他面前不能抵挡，在他后面也无法下手，单独作战时，也休想包围他）。

比赛双方，为了战胜对方，攻防动作真假虚实，招式隐晦莫测，变化多端。《庄子·人间世》谓"且以巧斗力者，始乎阳，常卒乎阴，泰至则多奇巧"，便记叙了这种情况。

相搏已经成为比赛的一种形式，表明当时拳术技术水平已发展到较高水平。相搏时，拳打脚踢，连摔带拿，凡以巧斗力制服对方就算得胜。当时已有以对方行动为转移的相搏技术，也有为比赛打基础的单人练习（除单个动作外，还有若干动作连在一起的练习），这就是套路。武舞的套路是为表达某个主题思想而编成的，不属武术范畴。而为相搏打基础的套路，则攻防方法比较突出，既可把较完整的套路拆散后在比试时活用，也可组合成短套路练习。

摔跤也是相搏时使用的一种击法，当时还没有材料证明已

　　　　　　　　　　　　　中国武术史

经形成脱离相搏之外的另一项目。

第六节　武器向多样化发展

各种兵器及其使用技法，也是武术的重要内容。这时，由于生产关系改变和生产力发展，出现了冶铁业，铁比铜硬，于是兵器逐步由铜制向铁制过渡。除铜兵外，春秋战国时期的文献如《墨子》《管子》《韩非子》等著作中，都涉及了铁制武器，如铁殳、铁锤、铁甲等兵器。

一、剑

自周代以后，剑有了发展并流行较广。春秋时期，孔子的学生子路就非常喜欢剑术。《家语》载："子路戎服见于孔子，拔剑而舞之，曰：'古之君子，以剑自卫乎?'"从大量铜剑出土，也可看出当时剑术之发展。继1956年、1957年在河南陕县虢国贵族墓葬里出土4把青铜剑之后，全国各地的战国遗址里都有铜剑出土。例如，1956年，在四川成都羊子山战国墓中发现了极为精美的铜剑。1978年，四川奉节县又发现了战国的巴式剑2把，一长39厘米，剑身铸有图案纹锦，另一长33厘米，剑身铸点纹（四川省博物馆藏）。巴式剑的出土，证明了剑术在四川也早有流传。此外，云南祥云县①、湖北鄂城县也有战国铜剑出土②。特别是1973年3月在湖北江陵县藤店公社水利建设时，在墓中发现了越王勾践的剑（图3-5，原载《文物》1973年第9期）。此剑系铜制，

图3-5　越王勾践的剑

长56.2厘米，剑茎上满缠丝绳，有两道箍，首为圆形，剑身近格处有两行错金鸟篆铭文，共有8字："戉（越）王州（朱）句（勾）自乍（作）用金（剑）。"此剑刃部十分锋利，保存完好，漆鞘长49厘米，靠近末端缠有绸带。

越王勾践的剑是当时劳动人民制造的珍品，据传系匠人欧冶子制造。关于越王勾践的剑，古籍中有所记载。例如，《越绝书》卷八载："勾践乃身被赐夷之甲，带步光之剑。"此书卷十一又载："昔者，越王勾践有

　　①　新华社报道：《云南发掘一批战国和两汉时期的墓》，见《光明日报》1978年4月28日。
　　②　鄂城县博物馆：《湖北鄂钢五十三号墓发掘简报》，见《考古》1978年第4期。

中国武术史

宝剑五，闻于天下。"当时有相剑家专门识别宝剑。《吴越春秋》卷四记载了这样一段事，即楚昭王一次睡醒，在床上见一把宝剑，就召见对剑素有研究的风湖（胡）子询问。风湖子曰："此谓湛卢之剑。……臣闻吴王得越所献宝剑三枚：一曰鱼肠，二曰磐郢，三曰湛卢。"风湖子不仅认出了这把湛卢，还讲出了关于此剑的一些有关情况，《越绝书》卷十一载："客有能相剑者，名薛烛。"可见，"相剑"已成为专门学问。

梁江淹的《铜剑赞》"序"云："古者以铜为兵……春秋迄于战国，战国至于秦时，攻争纷乱，兵革互兴，铜既不充给，故以铁足之。铸铜既难，求铁甚易。是故铜兵转少，铁兵转多。"河北易县燕下都出土了战国晚期铁剑15把，其中较完整的有8把，长1米左右的有4把。

最早的铁剑是长沙铁路东站建设工程文物发掘队从一座古墓中发现的春秋晚期的铁剑。这把剑出土在楚国疆域内，并不是偶然的。秦昭王曾向秦相范雎忧虑地说："吾闻楚之铁剑利而倡优拙。夫铁剑利则士勇，倡优拙则思虑远。夫以远思虑而御勇士，吾恐楚之图秦也。"（见《史记·范雎蔡泽列传》）秦昭王一面赞扬楚国生产的铁剑锋利，剑的质量高，另一面又担心楚国剑锋利，士兵勇敢，有可能对秦有威胁。这说明了武器虽然不是作战的决定性因素，但与一国之兴亡确有密切关系。因此，古人非常重视对武器的改进，并出现了不少著名的匠师。由于他们辛勤劳动，工艺水平不断提高，淬火锋利，式样别致。据传吴越和楚地的著名匠师有欧冶子和干将、莫邪［"吴王阖闾请干将铸作名剑二枚。干将者，吴人也，与欧冶子同师，俱能为剑。"（见《吴越春秋》）］。

根据《左传》《国语》《国策》《荀子》《越绝书》《吴越春秋》所载，当时的名剑有"湛卢""大夏""龙雀""纯钧""莫邪""干将""鱼肠""胜邪""巨阙""龙渊""泰阿""工布""棠溪""磐郢（又名豪曹）""辟闾""步光""扁诸"等。李时珍在《本草纲目》"集解"中引了《海内十洲记》的一段话："西海……多山川积石，名为昆吾。冶其石成铁作剑，光明洞照，如水精状，割玉物如割泥。"这都说明铁剑比青铜剑更胜一筹。

铁剑逐渐代替铜剑的进程是历史上一大进步。此时剑身也加长了。拳谚说"一寸长，一寸强"，剑由短变长是发展的必然。战国晚期，由于减少了青铜剑的含锡量，秦国剑已达到81~91.3厘米长。但是，青铜剑毕竟质脆，限于当时工艺水平，还不能制造出坚韧、锋利的更长的剑。由于铁剑出现，剑的长度才得以显著变长。据《考古通讯》1956年第1期载，从长沙、衡阳出土的战国时代的铁剑，一般接近或超过1米，其中最长的竟达1.4米，几乎是青铜剑的3倍。由于剑由短变长，两侧剑刃能更好地发挥劈、撩、扫、斩等各种击法，所以剑身的延长促进了剑术的发展和剑法的多样化。

剑术多以斗剑形式出现。斗剑是以对抗形式出现的盛行项目。当时残暴的统治者以观赏斗剑取乐，他们培养了一批以击剑为职业的斗剑士，作为竞技场上的牺牲品。每场比赛直到一方刺死另一方才分胜负。剑士平时被关在斗剑场所里，以训练他们斗剑的能力。

《庄子·说剑》载："昔赵文王喜剑，剑士夹门而客三千余人，日夜相击于前，死伤者岁百余人，好之不厌。"《庄子》还描写了斗剑时的情景："蓬头突鬓，垂冠，曼胡之缨，短后之衣，瞋目而语难，相击于前，上斩颈领，下决肝肺。"这种利用剑士斗剑之互相残杀取乐，确实"无异于斗鸡，一旦命已绝矣，无所用于国事"（见《庄子》）。

但是，剑术在民间却得到了健康发展，并且广泛流传，出现了不少技艺高超的剑术家，如越女、袁公、鲁石公等。

越女是春秋战国时精于剑术的民间武术家。越王勾践在励精图治、准备伐吴的时候，范蠡曾向他引荐了这位女剑术家："今闻越有处女，出于南林，国人称善。愿王请之，立可见。越王乃使使聘之，问以剑戟之术。"（见《吴越春秋·勾践阴谋外传》，图3-6）

图3-6　越女出南林（汉画像石）

精于剑术的民间武术家越女见了越王，谈出了一番精辟高深的剑术理论，越王马上加封了"越女"称号，请她教授军士练习剑术。

"越王问曰：'夫剑之道则如之何？'女曰：'……其道甚微而易，其意甚幽而深。道有门户，亦有阴阳。开门闭户，阴衰阳兴。凡手战之道，内实精神，外示安仪，见之似好妇，夺之似惧虎，布形候气，与神俱往，杳之若日，偏如腾兔，追形逐影，光若仿佛，呼吸往来，不及法禁，纵横逆顺，直复不闻。斯道者，一人当百，百人当万。王欲试之，其验即见。'"（见《吴越春秋·勾践阴谋外传》）

越女的剑术理论，精辟地阐述了动与静、快与慢、攻与守、虚与实、内与外、逆与顺、呼与吸的辩证关系，把机动灵活、变化莫测、出奇制胜等战术要素讲得非常深透，说明当时剑术确已发展到相当高的水平。应该指出，只有掌握主动权的人才有可能按自己的愿望来利用剑法的各种变化，压倒并牵制对方，以便做出对自己有利的行动。例如，在那时候，越女就已经掌握了"见之似好妇"的策略，以隐避自己的实战意图，寻找对方的弱点，一旦时机成熟，就用"夺之似惧虎"的战术动作来达到进攻目的。所以，当时没有人能胜过越女之剑。《论衡·别通》赞扬她说："剑伎之家，斗战必胜者，得曲城、越女之学也。两敌相遭，一巧一拙，其必胜者，有术之家也。"《庄子·说剑》中也谈到"夫为剑者，示之以虚，开之以利，后之以发，先之以至"，意思是用剑之道，先示人以虚空，给予可乘之机，发动在后，抢先击至。这和越女的剑术理论十分吻合。

刘向的《说苑》还记载了鲁石公的剑术："鲁石公剑，迫则能应，感则能动，物穆无穷，变无形像，复柔委从，如影与响，如庞之守户，如轮之逐马，响之应声，影之像形也。阖不及鞈，呼不及吸，足举不及集。相离若蝉翼，尚在肱北，眉睫之微，曾不可以大息小，以小况大。用兵之道，其犹然乎。此善当敌者也。"从上述描述可见，鲁石公击剑动作快速、敏捷，若即若离，应敌而动，技术高超。

《吕氏春秋·剑伎》载："持短入长，倏忽纵横。"这论述了"短兵长用"的技法，说明步法移动、防守后的反击已经有了一定水平，因此才有可能由远距离缩为近距离，发挥了短兵长用的技法。

特别应该指出，剑术理论显然运用了阴阳、五行学说来阐述和解释剑法的变化规律。例如，拳术中提及的"且以巧斗力者，始乎阳，常卒乎阴"，最明显的是在运用阴阳、五行学说解释剑理。至于剑术中所说的"道有门户，亦有阴阳""开门闭户，阴衰阳兴"等，则更是用阴阳、五行学说解释剑理了。可见，阴阳这一古代哲学的朴素辩证法思想，对以后的武术发展也起了重要作用。

由于剑术受到社会重视，战国时佩剑之风盛行，人们把镶金剑、玉具剑作为佩剑。魏丞相好武，曾下令文武百官均佩带宝剑（《史记·秦本纪》载："简公六年，令吏初带剑。"）。伍子胥曾用随身佩带的宝剑酬谢渡他过江的渔父（见《史记·伍子胥列传》）。爱国诗人屈原的诗篇中，也曾不止一次地说到他身佩宝剑。1973年5月，在长沙城东南子弹库的战国楚墓中发现了稀有的艺术珍品，这个珍品就有佩剑的形象。这个珍品是"人物御龙帛画"，呈长方形，长37.5厘米，宽28厘米，画面中心的人物神情潇洒自若，身材修长，高冠长袍，腰间佩带长剑，威武而高雅。佩剑是防身自卫的武器，也利于单人舞练，并为单练套路技术的发展提供了条件。

战国时期已出现了游侠。《史记·游侠列传》载："侠以武犯禁。"这说明侠都重视武的训练，尤其重视剑术。游侠这一社会势力的出现，反映了这一时期阶级斗争的复杂，也反映了练武之风盛行。

二、刀

刀是交手战中斩杀所用器械，为一面刃，刃凸背直，锋后钩，身宽薄，背托以木，适于斩杀。《释名》载："刀，到也，以斩伐到其所乃击之也……形似环也。"又云："黄帝采首阳山之金始铸为刀。"这可能是传说，在黄帝时代可能只有石刀，到西周、春秋战国时已出现铜刀。

在出土文物及古书中，刀均少见于剑。1978年，在云南省祥云县发掘的战国墓中出现了"梭口刀"。

当时制刀的过程还带有一种神秘色彩。例如，《古今图书集成》卷二百八十八载："论古有阮师之刀，天下之所宝贵也。初阮之作刀，受法于金精之灵，七月庚辛，见金神于冶鉴之门，其人光色炜爚，向神再拜。神执其手曰：'子可教也。'阮致之闲宴，设馔而问焉。神教以水火之齐，五精之陶，用阴阳之候，取刚软之和，行其术，三年，作刀一千七百七十口，而丧其明。其刀平背，狭刃，方口，洪首。截轻微无丝发之系，斫坚钢无变动之异，世不吝百金求之，不可得也。其次有苏家刀，虽不及阮家，亦一时之利器也。"

《史记·春申君列传》载："赵平原君使人于春申君，春申君舍之于上舍。赵使欲夸楚，为玳瑁簪，刀剑室以珠玉饰之。"这说明当时刀剑已是随身佩带兼有装饰作用的武器。

刀剑均属短兵，刀一面有锋刃，一面系刀背，刀尖、刀刃可攻，刀背可格开兵器，可防。而剑则两侧有刃，前有剑尖，故剑有击刺之术，而刀多有砍、劈等刀法。两者技术虽有差别，但战术则系一理。

刀剑在古技法中最为便捷。长兵多用于阵战，其进退之法要遵令而动。唯刀剑为古人随身携带之器，技击、战术之理相近。

三、五兵

春秋战国时期，"五兵""五刃""五戎"系泛指兵械的总称，它们包括的兵器种类大同小异。《古今图书集成》卷二百九十一载："兵有五，而弓矢不与焉。曰戈，曰殳，曰戟，曰酋矛，曰夷矛。凡五也。"齐国西行平晋时，"教大成，定三革，隐五刃"（见《国语·齐语》卷六）。三革，指甲、胄、盾，是防身用具，而五刃则指刀、剑、矛、戟、矢。作战时，五兵配合使用。例如，《古今图书集成》卷二百九十一载："司马法云，弓矢围，殳矛守，戈戟助，此言攻国之兵短，则弓矢也，守国之兵长则殳矛是也。攻国守国皆有戈戟以助，弓矢殳矛以戈戟长短处中也。"但必须指出，关于兵器如何配合使用，这属用兵之事，而使用武器的技术方法，却属武术的范畴。

四、戈

商周之后，戈仍是主要兵器。《释名》载："戈，过也。所刺捣则决过，所钩引则制之，弗得过也。"

练戈是古代练武的重要内容，每年还规定了专门时间进行练习。《礼记》载："春秋学干戈，秋冬学羽籥。"

在剑没出现以前，戈是车兵之一，也是随身携带的武器。例如，重耳车中"醒，以戈逐子犯""伯州犁上下其手，则穿封戍，抽戈逐王子围""襄公以降，则或用戈，或用剑"（见《史林杂识初编》）。此时，虽已用剑，民间则仍习惯于用戈。屈原在《楚辞·九歌》中曰："操吴戈兮被犀甲。"又如，《左传·哀公十五年》载太子蒯聩入卫，其姊孔伯姬仗戈而先，可见戈使用之普遍。

戈为青铜质，其援短，接以柲成短形，属刺兵。所谓刺兵，指戈戟而言（《古今图书集成·槊戟部》载："戈戟皆刺兵。"）。

《周礼·考工记》载："戈广二寸。"戈有两刃，击法是用内刃钩割，用外刃推杆，用尖部啄击对方。正如《古今图书集成·戈矛部》所载："戈无所往而不用焉，岂非以其柲短而易持。其胡其援，广而易入，可以桩，可以斩，可以击，可以钩。"

由于作战需要，使用方式不同，故戈柄分长、中、短3种。长的314厘米，中的139.4厘米，短的91厘米。长柄戈多用于车战，短柄戈用于步兵战斗。随着作战需要，戈不断得到改进，到战国时铜戈已与殷代的铜戈显著不同了（图3-7）。

图3-7　春秋时代铜戈（长沙浏城桥楚墓出土）

　　　　　　　　　　　　　　　　中国武术史

五、矛

矛也是春秋战国时的主要兵器。《释名·释兵》载:"矛,冒也。刃下,冒矜也。下头曰镦,镦入地也。松棁长三尺,其矜宜轻,以松作之也。"

矛是用尖锋向前直刺的兵器,使用时灵活方便。矛柄多用木制,其长短不一。《周礼·考工记》记有酋(短)矛、夷(长)矛两种。《释名·释兵》载:"夷矛,夷常也。其矜(柄)长丈六尺……亦车上所持也。"在长沙浏城桥楚墓出土的春秋晚期的矛,用藤作柄,这在历史上还是第一次发现,柄长达280厘米。另一木柄矛,长297厘米。而过去长沙楚墓出土的矛的长度大都在165~222厘米。

六、戟

戟在春秋战国时仍是比较先进的兵器。《释名》载,"戟,格也,旁有枝格也","车戟曰,常长丈六尺,车上所持也。八尺曰寻,倍寻曰常。手戟,手所持摘之戟也"。

戟是戈矛的合并体,既可用来钩割、啄击,又能直刺,杀伤力比矛强。正如前述,在河南汲县山彪镇一号墓出土的一件铜鉴上有水陆作战图,其中战士手持的戟有长、中、短3种,中者等身，短者半身，长者二其身（见郭宝钧：《山彪镇与琉璃阁》）。这次战役在《左传》上也有记载："宣公二年春，郑公子归生受命于楚，伐宋，宋华元、乐吕御之。二月壬子，战于大棘，宋师败绩，囚华元，获乐吕，及甲车四百六十乘，俘二百五十人。"可见，戟在当时是主要武器。

　　在衡阳、长沙发现的铁戟，长145~170厘米，约为等身中戟。长沙浏城桥楚墓出土的铜戟长达310厘米，属长戟一类。《史记·苏秦列传》载："戟皆出于冥山、棠溪、墨阳、合赙。"

七、殳

　　殳主要用于车战，在车马交错冲撞时使其分开，因此有棱无刃。《释名》载："殳，殊也，长丈二尺而无刃，有所撞桎于车上，使殊离也。"（见《古今图书集成·椎棒部》）

　　殳是由棍演变而来的，系一种用"积竹"做成的有棱无刃的兵器。《周礼·考工记》载："殳长寻有四尺。"后来，东汉人郑玄注："八尺曰寻。"因此，殳的长度为一丈二尺。殳的使用方法，按"殳者击之"来看，殳实为"击兵"。

　　《周礼·正义》卷八十二载，殳、戈、长戟、短矛、长矛应为"车之五兵"。这5种兵器在车战中插在车之两旁备用。

八、弓矢

西周时代作为"六艺"之一的射在春秋战国时仍是重要军事技艺。赵武灵王重骑射,亲自"将胡服骑射以教百姓"(见《战国策·赵策二》)。胡服是窄袖,绯绿短衣,长靿靴。窄袖利于骑射,短衣和长靿靴便于涉草。由于服装改革,使赵国骑马、射箭活动蔚然成风。赵国大将李牧与匈奴作战时,在他挑选的战士中有"彀者"10万人,可见习射开展得非常普遍。魏国李悝鼓励习射之事,"令下而人皆疾习射"(见《韩非子·内储说上》)。战国最杰出的哲学家荀况还提倡:"人主欲得善射,射远中微者,县贵爵重赏以招致之。"(见《荀子·君道》)

由于射箭开展普遍,射箭能手辈出。例如,"楚有养由基者,善射者也。去柳叶者百步而射之,百发而百中之"(见《战国策·周策》)。又如,有人谋杀飞卫,"相遇于野,二人交射,中路矢锋相触,而坠于地,而尘不扬"(见《列子·汤问》)。养由基和飞卫可谓是具有百步穿杨之术,射术高明,这也与当时重视射箭的基本功训练分不开。《纪昌学射》是古代一篇寓言故事,讲述纪昌刻苦学射的过程。"纪昌者,又学射于飞卫。飞卫曰:'尔先学不瞬,而后可言射矣。'纪昌归,偃卧其妻之机下,以目承牵挺。二年之后,虽锥末倒眦,而不瞬也。以告飞卫。

飞卫曰：'未也，亚学视而后可。视小如大，视微如著，而后告我。'昌以牦悬虱于牖，南面而望之。旬日之间，浸大也。三年之后，如车轮焉。以睹余物，皆丘山也。乃以燕角之弧、朔蓬之簳射之，贯虱之心，而悬不绝。以告飞卫。飞卫高蹈拊膺曰：'汝得之矣！'"（见《列子·纪昌学射》）纪昌学射的这个方法，古人未必用过，但学射过程中练眼力却是必不可少的。寓言中所特别强调的严格进行射的基本功训练，则值得我们在练武中借鉴。

《庄子》与《列子》均载有这样一件事，即"列御寇为伯昏无人射，引之盈贯，措杯水其肘上，发之，镝矢复沓，方矢复寓。当是时也，犹象人（俑）也"。这段话的大意是把弓拉开时，手臂平稳，在肘上放杯水也不会溢出，射出的箭重复在一个轨迹上；快速射出时，身体姿势一动也不动，像木偶一样。

《韩诗外传》还记载了这样一件事，即齐景公因不懂射的诀窍，"射不穿二札"，还怪弓造得不好，要杀制弓的人，幸制弓人之妻善射，给齐景公讲了射箭要领，制弓人才免一死。从制弓人之妻讲的下述要领，可看出当时人们已掌握了一定的技术与理论："且妾闻奚公之车，不能独走，莫邪虽利，不能独断，必有以动之。夫射之道在手若附枝，掌若握卵，四指如断短仗，右手发之，左手不知，此盖射之道。"齐景公按其要点再

中国武术史

射，竟射穿七札。

九、弩

春秋战国时始有机弩。《吴越春秋》卷九载："琴氏以为弓矢不足以威天下……乃横弓着臂，施机设枢，加之以力。"弩射出现比射箭晚，但由于受射箭技术影响，发展也很快。弩射对头部、上体、上下肢以及瞄准、屏息、扳机等都有明确要求。例如，陈音回答越王提问时，关于弩射技术曾说："夫射之道，身若戴板，头若激卵，左蹙，右足横，左手若附枝，右手若抱儿，举弩望敌，翕心咽烟，与气俱发，得其和平，神定思去，去止分离，右手发机，左手不知。一身异教，其况雄雌。此正射持弩之道也。"（见《吴越春秋》）

射箭与弩射均属远兵。由于会弓弩的人很多，需要数量很大，著名的弓弩产地也多起来。《战国策·韩策一》载："天下之强弓劲弩，皆自韩出。溪子、少府时力、距来，皆射六百步之外。韩卒超足而射，百发不暇止。"可见，当时弓弩之优良。弩起于春秋时代，最先出现在楚国。

十、其他兵器

除以上兵器外，据《史记》载，春秋战国的武器还有铁椎。《史记·魏公子列传》载，秦攻赵时，"朱亥袖四十斤铁椎，椎杀晋鄙"。在《资治通鉴》卷五中也有用椎的记载。

从当时对铁椎的应用看，是把练力作为武术基本功的重要内容的，因为非力足而不能握百二十斤铁椎，更不用说运用自如了。"秦武王好以力戏，力士任鄙、乌获、孟说皆至大官。八月，王与孟说举鼎，绝脉而薨。"（见《资治通鉴·周记三》）除比试力量外，也把举鼎作为练力的一个重要手段。

第七节 导引术出现

战国时已出现了导引术，但还没有史料说明当时已和武术结合，直至以后历经很多朝代才逐渐和一些拳术结合起来，逐步形成了所谓的内家拳术。

《庄子·刻意》载："吹呴呼吸，吐故纳新，熊经鸟申，为寿而已矣。此导引之士，养形之人，彭祖寿考者之所好也。"这可证明战国时代已有了导引术。

郭沫若考订的《石鼓文》（秦襄公八年的遗物，现藏天津历史博物馆）中有《行气玉佩铭》。这是一个12面体的小玉柱，上刻有"行气"铭文。文凡45字，每面刻3个字，有9字重文，篆书。文字极为规整。铭文如下："行气，深则蓄，蓄则伸，伸则下，下则定，定则固，固则萌，萌则长，长则退，退则天。天几春在上，地几春在下。顺则生，逆则死。""几"读"机"，指深呼吸一个回合。全句大意是吸其深入则多其量，使它往下伸，往下伸则定而固，然后呼出，如草木之萌芽，往上长。与深入时的经路相反而退进，退到绝顶。这样，天机便朝上动，地机便朝下动，顺此行之则生，逆此行之则死。这段理论阐述了导引的要领和功能，指出了深吸才能蓄、蓄才能沉气的道理。这种呼吸方法为以后所谓的内家拳所借鉴，成为另有特色的拳术。

第二篇　秦汉三国至隋唐五代

第四章　秦汉三国时期的武术

第一节　收天下兵

公元前221年，秦始皇统一六国后，开创了我国历史上第一个统一的、多民族的封建中央集权国家。为了维护地主阶级利益，防止贵族叛乱，秦始皇"收天下兵，聚之咸阳，销以为钟镰、金人十二，重各千石，置廷宫中"①（见《史记·秦始皇本纪》）。"二十六年，有大人长五丈，足履六尺，皆夷狄服，凡十二人，见于临洮，故销兵器，铸而象之。"（见《汉书·五行志》）秦始皇销毁铜兵，并不是表明从此不再打仗或不用铜兵打仗。事实上，"秦始皇即位三十九年，内平六国，外攘四夷……不一日而无兵"（见《汉书·武五子传》）。秦始皇在实

---

① 秦始皇赢政二十六年（公元前221年），有长人见于临洮，故销兵器，铸而象之。《三辅旧事》载："铜人十二，各重三十四万斤。"

现统一中国的斗争过程中，建立了一支"带甲百万，车千乘，骑万匹"的强大军队（见《战国策》）。在1974年发掘的秦始皇陵陶俑坑中，曾发现有战车以及大量步骑兵，有的武士身穿短袍或铠甲，手执弓弩，肩负箭束，多数武士手执长矛，腰佩长剑，有的腰佩弯刀，长、短兵相杂（图4-1）。这说明当时作战使用的主要武器有远射的弓弩、长兵的矛以及短兵的刀、剑等。秦始皇陶俑坑出土的除以上兵器外还有铜戈、铜钺、铜殳、吴钩等兵器。通过秦军的长短相杂、远近兼备的武器装备，可看出当时练武的内容及军队中重视练武的情况，也可看

图4-1　秦始皇陵陶俑坑

中国武术史

出实际上秦军使用的武器从未收缴过，收缴的武器主要是军队之外的"天下兵器"。

第二节　秦始创角抵

由于收缴了民间的大量武器，从客观上讲，在某种程度上限制了民间的练武活动。但士兵毕竟是出自民间，一定时期后又回到民间。士兵服役期间练武，解甲归田后，对于民间习武之风仍有影响，特别是其中杀伤性不太强的徒手攻防技术经过加工提炼后发展起来。其中，角抵戏就是从春秋战国时的相搏中分化出来的项目之一，得到了很大发展。《古今图书集成·军礼部》载："秦并天下，罢讲武之礼为角抵。"《文献通考》卷一百四十九载："秦始皇并天下，分为三十六郡，郡县兵器，聚之咸阳，销为钟镶，讲武之礼罢为角抵。"此说与《汉书·刑法志》所载之意相同，都说明秦并天下之后把讲武之礼罢为角抵。

角抵是徒手的对抗性项目。[①]角抵时，只限用相搏中的摔

---

① 据传，角抵戏系六国所创。《事物纪原》载："今相扑也。《汉武故事》曰：'角抵，昔六国时所造。'"《述异记》载："秦汉间说，蚩尤氏耳鬓如剑戟，头有角。与轩辕斗，以角抵人，人不能向。今冀州有乐，名'蚩尤戏'，其民两两三三，头戴牛角而相抵。"以上都是传说，应判定战国秦汉时期出现了角抵。

法进行较量，双方凭体力以摔倒对方来分胜负。应劭曰："角者，角技也。抵者，相抵触也。"文颖曰："名此乐为角抵者，两两相当角力，角技艺。"可见，角抵已不同于春秋时代的相搏，故在秦时改名为角抵。《汉书·刑法志》载："春秋之后，灭弱吞小，并为战国，稍增讲武之礼，以为戏乐，用相夸视。而秦更名角抵。"

由于角抵只限于摔法，不准拳打脚踢，所以比相搏要安全得多，一开始就有强大的生命力，不仅在军队中盛行，在民间也广泛流传，还出现了专门从事角抵的艺人。《史记·李斯列传》载："秦二世在甘泉宫，集艺人作角抵俳优之戏。"由于专门从事角抵的艺人出现并专门研究角抵中的攻防技术，对促进其发展有着一定的作用。但对统治者来说，角抵却成为纯观赏性娱乐，成为荒废政事的戏乐了。《史记·李斯列传》载："二世在甘泉宫每作乐角抵、俳优之戏，李斯不得见。因上书言赵高之短。"可见，王公大臣好观赏角抵，但并不实践，只是为了戏乐而已。

第三节　大锤、匕首与斩木为兵

秦时，有关武术的活动，除角抵外，其余不多见。但在秦始皇两次被刺事件中，有铁锤、匕首等记载。《汉书·张陈王周传》载："良尝学礼淮阳，东见仓海君，得力士，为铁椎重百二十斤。秦皇帝东游，至博浪沙中，良与客狙击秦皇帝，误中副车。"又一次是荆轲刺秦王，这个著名的故事记载的是空手对匕首的搏斗场面。《史记·刺客列传》载："轲既取图奏之，秦王发图，图穷而匕首见。因左手把秦王之袖，而右手持匕首揕之。未至身，秦王惊，自引而起，袖绝。拔剑，剑长，操其室。时惶急，剑坚，故不可立拔。荆轲逐秦王，秦王环柱而走。群臣皆愕，卒起不意，尽失其度。而秦法，群臣待殿上者，不得持尺寸之兵。诸郎中执兵皆陈殿下，非有诏召不得上。方急时，不及召下兵，以故荆轲乃逐秦王。而卒惶急，无以击轲，而以手共搏之。"这记载的是战国末期的事情，而收缴武器之后，就没有发现有关兵器或练武活动的记载。1972年，考古工作者在河南新郑一个土坑中挖出了二三百件青铜兵器，多数兵器刻有铭文"韩王安七年"字样。经鉴定，证明这是当时韩国贵族在秦军攻破韩都新郑时埋藏起来的武器，说明韩国后代在秦时再未敢动用这些武器，以后就逐渐被人遗忘了。

秦末的陈胜、吴广，"斩木为兵，揭竿为旗，天下云集响应，赢粮而景从，山东豪俊，遂并起而亡秦族矣"（见《史记·陈涉世家》）。《淮南子》载："不用弓戟之兵，锄耰白梃。"

从上述农民起义中所使用的木兵来看，秦王收天下兵，人民中几乎无武器可言，从而也可推断出民间练武活动也受到了严重摧残。但在农民起义过程中需要练武，于是武与农民运动又结合了起来，从而使武术活动兴旺起来，使武术技术也得到了提高。

陈胜、吴广揭竿而起领导的我国第一次农民大起义，埋葬了赵高操纵的秦二世王朝，从此进入了两汉时代。

第四节　教民以应敌

汉初，农兵不甚分，也促进了群众练武活动。《文献通考》卷一百五十载："汉初，兵民不甚分，如冯唐谓吏卒皆家人子弟，起田中从军。而后汉礼仪志谓罢遣卫士，必劝以农桑。由是观之，兵农尚未分。"用兵时，现役兵不敷用，随时征募。《汉书·武帝纪》载，"五年春，大旱。大将军卫青将六将军兵十余万人出朔方、高阙""太初元年秋八月……发天下谪民西征大宛"。诸如以上记载，都说明了兵农的密切关系。为了使徙边之民发挥"备敌作用"，还组织边民平时生产、战时打仗。这些措施对当时亦兵亦农起了促进作用。嘉峪关汉画像砖墓有一幅亦兵亦农的"屯垦"壁画，画的上部为武官率领两排武士持盾、矛、戟等武器行进，下面画的是两组单套拖犁的牛在旁边耕种（图4-2）。

此时期，武术不仅在技术上有较大发展，其开展范围也广泛得多，民间习武之风可谓空前。为抗击匈奴的侵扰，汉初统治者一直鼓励边民习武，强调"居则习民于射法，出则教民于应敌"（见《汉书·爰盎晁错传》）。这对当时民间练武起了推动作用。

东汉时，民间手工业有较大发展，工人在劳动之余也要练武备战。1975年，在成都曾家包出土的东汉墓一号墓东后室北

图4-2　嘉峪关汉画像砖图案（按原画摹绘）

壁下部有一幅"劳武结合"的石刻（图4-3）。石刻的画面为一院坝，上面织锦，下面酿酒，上面显眼位置放有一武器架，架上横放着矛、三头叉、三刃矛、长剑等，架的立柱上还挂着弓矢、盾牌等。这幅画面虽然没有反映出练武的具体内容，但从武器架的陈设兵器看，长兵、短兵、远射兵器以及防护用具一应俱全，展现了劳动人民在劳动之余练武的热闹场面。

当时，有些地方还有演武厅一类的设备，厅中武器架上置有各种兵器，供练武时选用。现存四川省博物馆的汉画像砖上就有演武厅的画面（图4-4），从画面中可以窥见当时已为练武提供了较好的室内场地、器材等设备（1978年四川新都县马家乡出土）。

图4-3　东汉墓一号墓石刻

图4-4　汉画像砖上的演武厅

为了保证武器生产，"汉中央官制中有考工令，主作兵器弓弩刀铠之属"（见《汉书》卷十九）。

第五节　作战方式

汉武帝时，发动了8次对匈奴的战争，其中有6次使用了骑兵。战车最终退出了战争舞台。

面对匈奴奴隶主军事政权的连年侵扰，晁错充分分析了当时汉军与匈奴军队的力量对比。他在《言兵事疏》中指出，匈奴军队长技有三：上山下坡，跨溪越涧，匈奴马比汉军强；在倾斜危险的道路上，一面奔驰，一面射箭，匈奴的骑术比汉军强；"风雨疲劳，饥渴不困"，匈奴军比汉军强。他指出，汉军长技有五：在平原旷野，轻快的车骑兵可以迅猛突破匈奴军队；强劲的弓弩，锐利的长戟，匈奴是比不上的；坚固的铠甲，锋利的刀枪，长、短兵器互相配合，大队人马列队向前冲杀，匈奴军队是抵挡不住的；用强弓利箭射向同一目标，匈奴的皮甲、木盾是支持不了的；"下马地斗，剑戟相接"，步步相逼，匈奴兵手脚笨拙，不是汉军的对手。这样以五比三，发挥己长，打敌之短，再加上汉军有数十万，以众击寡，战争是可以打胜的。《汉书·错上言御匈奴》载："用兵，临战合刃之急者三：一曰得地形，二曰卒服习，三曰器用利。兵法曰：丈五之沟，渐车之水，山林积石，经川丘阜，草木所在，此步兵之地也，车骑二不当一。土山丘陵，曼衍相属，平原广野，此车骑之地，步兵十不当一。平陵相远，川谷居间，仰高临下，此弓弩之地也，短兵百不当一。两陈相近，平地浅草，可前可后，此长戟之地也，剑盾三不当一。萑苇竹萧，草木蒙茏，支叶茂接，此矛铤之地也，长戟二不当一。曲道相伏，险厄相薄，此剑盾之地也，弓弩三不当一。士不选练，卒不服习，起居不精，动静不集，趋利弗及，避难不毕，前击后解，与金鼓之音相失，此不习勒卒之过也，百不当十。兵不完利，与空手同；甲不坚

中国武术史

密，与袒裼同；弩不可及远，与短兵同；射不能中，与亡矢同；中不能入，与亡镞同。此将不省兵之祸也，五不当一。故兵法曰：器械不利，以其卒予敌也；卒不可用，以其将予敌也；将不知兵，以其主予敌也；君不择将，以其国予敌也。四者，兵之至要也。"

从晁错的《言兵事疏》可看出他根据古代兵法，具体地分析了适合步兵、车骑作战的地理环境和能够发挥长戟、剑盾、刀枪、矛铤、弓弩等兵器威力的不同地形条件。但是他所着重强调的仍然是作战的武器，以及与使用武器有关的作战技术和战术。这就不难看出，当时的练武活动、多种兵器的用法以及各兵种的配合，都受当时战略、战术所约束，因此，武术技术也与战略、战术的要求相适应地发展着。

由于战略、战术的要求提高，汉朝的兵种已相当复杂。兵种的发展，势必要求使用武器的技术也相应提高，因而使武术的发展有了客观的基础。汉代主要的武器亦称"五兵"，只不过是"五兵"内容有所变化。《汉书·官仪》载："亭长皆习设备五兵。五兵：弓弩、戟、盾、刀剑、甲铠。"刀在过去"五兵"中是不包括在内的，说明汉代"五兵"又有了新的内容。从汉长安城武库遗址发掘看，戟、矛、剑、刀斧均系铁制，镞、戈系铜制，这些应是当时的常备武器。

第六节　练艺与练力

在练兵方法上提倡:"一曰练胆,二曰练艺,三曰练阵,四曰练地,五曰练时。"(见《续文献通考》)

练艺与练力是密切配合的。当时练力的手段是举鼎,用举鼎的能力来表示力量的大小。

项羽幼年随其叔项梁流寓关、楚,在那里学了扛鼎(即举鼎),说明扛鼎已在民间流行。

《史记·项羽本纪》载:"籍长八尺余,力能扛鼎,才气过人。"鼎为一种三足两耳的金属器。《汉书·武五子传》载:"胥壮大,好倡乐逸游,力扛鼎,空手搏熊彘猛兽。"《资治通鉴·汉纪六》载:"王有材力,能扛鼎。"

练功中除练力以外,也训练士兵"使手习五兵之便,斗战之备","使足习周旋走趋之列,进退之宜"(见《诸葛亮集》)。这说明走转进退的各种步法,也是练功的重要内容。此外,练功还要练轻功。《西京杂记》载:"江都王劲捷,能超七尺屏风。"通过练功,达到力量大、进退快、跳得高,为掌握拳械提供身体条件,相当于现在的身体素质训练。

第七节　出现了"武艺"的名称

由于练武活动盛行，民间曾涌现不少武术家以及不同技术风格的流派。《古今图书集成·闺奇部列传》载："关索妻王氏，名桃，娣悦，汉末时人，俱笄年未字，有膂力，精诸家武艺。"所谓"诸家"，当指不同技术特点的各个流派。《三国志·刘封传》就有"武艺气力过人"的记载，提到了武艺。《魏书》载："魏收，字伯起……随父赴边。值四方多难，好习骑射，欲以武艺自达。"这说明汉时已使用了"武艺"这个名称。武艺是徒手或手持器械的攻防格斗技术与套路技术的总称。"武艺"的名称最早始于汉代，自汉以后一直沿用。在当时，武艺既包括徒手的角抵、手搏以及斗剑等多种兵器的用法，也包括与攻防格斗技术紧密相连的舞剑、舞戟、对练等套路运动。这两者不仅在体质要求上，而且在攻防方法上也有内在联系，都属练武的内容，分别概述如下。

一、角抵

汉初，刘邦曾一度罢废角抵，但却没有禁止住。到了武帝时，反而更极力提倡，如"武帝元封三年春，初作角抵戏、鱼龙曼延之属"（见《资治通鉴》卷二十一）。《汉武故事》载："秦并天下，兼而增广之。汉兴虽罢，然犹不都绝。至上复采用之，并四夷之乐，杂以童幼，有若鬼神角抵者，使角力相抵触者也。"又如《渊鉴类函》引《汉书》云："武帝作巴渝、都卢、海中砀极、曼衍鱼龙、角抵之戏。"武帝特别嗜好此戏。《汉书·武帝纪》载，"元封三年春，作角抵戏，三百里内皆来观"，"元封六年夏，京师民观角抵于上林平乐馆"。张衡看了角抵后曾作《西京赋》，赞曰："临回望之广场，程角抵之妙戏。"以上活动，载入史册，足以证明当时角抵是相当盛行的。

《汉书·霍光金日磾传》还记载了刘彻部下的角抵能手用"捽胡"的动作把何罗投于殿下（原文是："何罗袖白刃从东厢上，见日磾，色变，走趋卧内欲入，行触宝瑟，僵。日磾得抱何罗，因传曰：'莽何罗反！'上惊起，左右拔刃欲格之，上恐并中日磾，止勿格。日磾捽胡投何罗殿下。"）。孟康认为："胡音互。捽胡，若今相僻卧轮之类也。"晋灼认为："胡，颈也，捽其颈而投殿下也。"

藏于陕西省历史博物馆的长安客省庄汉墓出土的一块铜牌上刻有一幅角抵纹饰的临摹画：两人赤脚，互相一手扳腿，一手抱腰，相抱相捽，十分生动逼真，可说是对我国最早的角抵（相扑）形象的记录（图4-5）。当时，角抵是群众喜爱的项目之一，民间流传颇广。

图4-5　角抵铜牌画

二、手搏

手搏是拳打脚踢、攻防性较强的一种技击术。

秦时，手搏比赛比较正规，是从相搏发展而来的。1975年，在湖北省江陵县凤凰山一座秦墓中出土了一件木篦，它上部弧形的正、背面有人像彩绘，背面有手搏比赛的场面：画面上有三男子，均上身赤膊，下着短裤，腰间束带，足穿翘头鞋；左边两人正在进行手搏比赛，右边一人的双手前伸，为比赛做裁判；台的上部还有一帷幕的飘带，表示这种比赛在台上的帷幕中举行。整个比赛画面热烈紧张,参加手搏的双方,一方横击对方头部,另一方闪躲后弓步冲拳还击对方头部(图4-6)。

《汉书·甘延寿传》载:"延寿试弁为期门。"孟康注曰:"弁,手搏也。试武士用手搏,以手搏固实用之术也。"很明显,手搏不同于角抵,两者并非一个项目。《汉书·哀帝纪》载:"孝哀雅性不好声色,时览卞射武戏。"苏林注曰:"手搏为卞,角力为武戏也。"苏林是汉末魏初人,其注《汉书》言传手搏,

图4-6　秦墓木篦漆画上的手搏图

与角力不是一个项目，并以释之，必亲眼所见。晋灼曰："《甘延寿传》试卞为期门。"《汉书·艺文志》载"手搏六篇"已亡佚。清王先谦注："今谓之贯跤。"由此看来，手搏不同于角抵，而是踢打拿等搏斗技术。关于手搏的记载很多，《史记·魏其武安侯列传》载："与长乐卫尉窦甫饮，轻重不得，夫醉，搏甫。"郭希汾在《中国体育史》中写道："拳术之始，当自后汉郭颐始。郭颐发明长手。"魏文帝的《典论·自叙》载："邓展善有手臂。"这些都记载了手搏之术。

从汉画、汉画砖中也可窥见当时手搏的情景。例如，在四川新都出土的汉画砖手搏图中就生动地显示了两人手搏时聚精会神的对峙姿态（图4-7）。另在河南密县打虎亭2号东汉墓中室北壁券顶东侧有两个大胡子壮士，赤膊，光腿，着短裤，头留发，足蹬翘头靴，穿着和秦代漆画中的人物极相似，两人在手搏（图4-8）。

《汉书·东方朔传》还提及汉代用拳术比赛来选勇士的制度。

三、剑术

剑为"短兵之王"。剑前有尖，两侧有刃，尤长进击。特别是剑的制造工艺精湛，所以它成为人们比较喜爱的一种贴身武器。

图4-7　新都汉画砖手搏图

图4-8　东汉手搏图

　　　　　　　　　　　　　中国武术史

铁制剑的成功，为延长剑身提供了条件。剑身加长，不仅能刺得远些，也能更好地发挥剑刃的作用。从汉墓壁画和后来画像石上可以看到有不少佩剑和使用的长剑（图4-9）。特别是骑兵出现后，手持长剑作战时只用剑尖直刺，已远不能适应作战需要。为了加大杀伤的范围，挥剑劈砍则能更好地发挥剑刃的作用。当人们通过实践逐渐认识剑刃的作用之后，劈、砍、斩、撩、挂等剑法也相继发展了。

在汉代，剑术仍很盛行，《汉书·东方朔传》载："郡国……剑客辐辏。"《汉书·地理志》载："吴粤之君皆好勇，故其民至今好用剑。"

根据满城汉墓出土的文物考证，有一个墓是西汉前期权力较大的一个诸侯刘胜的墓。刘胜生前佩带的剑是两把铁剑，长

图4-9 西汉佩带长剑的武士（原载《社会科学实践》1979年第1期）

达一米多，有完好的剑鞘，剑表面掺碳和刃部淬火，因此剑刃刚硬、锋利，脊部也保持较好的韧性，是百炼钢的早期产品。除出土的佩剑外，关于佩剑的文字记载也较多。

《汉书·隽不疑传》载："胜之素闻不疑贤，至渤海，遣吏请与相见。"不疑带剑上谒，"门下欲使解剑。不疑曰：'剑者君子武备，所以卫身，不可解。请退。'吏白胜之。胜之开合延请"。又如《晋书》载："汉制，自天子至于百官，无不佩剑。"可见在当时，剑不仅可防身自卫，而且佩剑也是一项礼仪制度，用来表示人的英武气概，因此不分文武都要佩剑，并规定佩在身体左侧。董仲舒在《春秋繁露》中说："剑在左，刀在右；剑在左，青龙象也。"

剑术尽管流行较广，但因难于掌握，一般在青少年时就开始训练。《史记·项羽本纪》载："项籍少时，学书不成，去学剑，又不成。项梁怒之。籍曰：'书足以记名姓而已。剑一人敌，不足学，学万人敌。'"《汉书·司马相如传》载："司马相如者，蜀郡成都人也，字长卿。少时好读书，学击剑。"《汉书·东方朔传》载："东方朔，字曼倩，……十五学击剑……目若悬珠……勇若孟贲。"《三国志·吴书·鲁肃传》载："肃，体貌魁奇，少有壮节，好为奇计。天下将乱，乃学击剑骑射，招聚少年，给其衣食，往来南山中射猎，阴相部勒，讲武习

中国武术史

兵。"上述事例说明，习击剑多自少年始。

传授剑术的人也受到社会尊重。例如，《汉书·司马迁传》载："自司马氏去周适晋……在赵者，以传剑论显。"这说明在赵的一支因传剑术而著名，竟达到显贵的地位。

汉时，剑术已经有了单人及双人套路的舞练，也有了对抗性的斗剑，以较量高低。例如，《史记·项羽本纪》中记载的鸿门宴，项庄入为寿，宴会时以舞剑为乐。楚汉相争，当项羽攻下咸阳时，虞姬于夜宴中曾舞剑助兴。这些都是以套路形式出现的剑术，明显区别于为表达主题思想而抒发感情的剑术舞蹈。《史记·项羽本纪》载："……寿毕，曰：'君王与沛公①饮，军中无以为乐，请以剑舞。'项王曰：'诺。'项庄拔剑起舞。项伯亦拔剑起舞，常以身翼蔽沛公，庄不得击。"《资治通鉴·汉纪》载："寿毕，请以剑舞，因击沛公于坐，杀之。""良曰：今项庄拔剑舞，其意常在沛公也。"从这个史实中可以看出，这种剑术舞练不同于早期的纯舞形式，而是明显地包含有技击内容，项伯亦拔剑起舞，以身体保护沛公，来防范项庄的击杀。这说明剑舞这种形式确是由从剑术中提炼出来的刺、劈等动作组成的套路技术。

---

① 沛公即刘邦。

剑术除套路形式外，也出现了竞技形式的对抗性斗剑。例如，《汉书·淮南王传》载："太子学用剑，自以为人莫及，闻郎中雷被巧①，召与戏。被一再辞让，误中太子。"又如《北堂书钞》载："甘蔗为仗，以单攻复，以短乘长。"魏文帝曹丕在《典论·自叙》中亦云："余又学击剑，阅师多矣。四方之法各异，惟京师为善。桓灵之间，有虎贲王越善斯术，称于京师。河南史阿言昔与越游，具得其法，余从阿学之精熟。尝与平虏将军刘勋、奋威将军邓展等共饮。宿闻展善有手臂，晓五兵，又称其能空手入白刃。余与论剑良久，谓言：'将军法非也，余顾尝好之，又得善术。'因求与余对。时酒酣耳热，方食芋蔗，便以为仗，下殿数交，三中其臂，左右大笑。展意不平，求更为之。余言：'吾法急属，难相中面，故齐臂耳。'展言：'愿复一交。'余知其欲突以取中也，因伪深进，展果寻前，余却脚鄛，正截其颡。"从当时武艺的发展程度来看，人们对技击技术已有了较深入而系统的研究。当时剑术名师遍天下，邓展不仅长于剑术，还善有手臂、晓五兵，又能空手入白刃，可见他武艺之高。但他却被曹丕三中其臂。从击法分析，他还能自觉寻找最近点进攻，这说明当时很可能出现了点、崩、撩、截等剑法，

---

① 雷被，人名。巧指善用剑。

用以点腕、崩腕、截臂等。两人再次交手时，曹丕用假动作佯攻取中，邓展信而寻前时又换了一脚，可见剑法已非常精妙。而拳术尤精，并且是以竞技的比赛形式出现的，从本质上不同于春秋战国时"日夜相击于前，死伤者岁百余人"的斗剑了。

关于剑术等的理论著述，《汉书·艺文志》收入的"兵技巧"有剑道38篇、手搏6篇，都是论述"习手足，便器械，积机关，以立攻守之胜者也"的武术专著。遗憾的是这些书已亡佚，没有流传下来。从书中记载却可看出当时手搏与剑术等无论在实践还是理论上都达到了较成熟的阶段。

四、刀术

由于武术技巧提高，不仅进攻技术，而且防守技术也相应加强了，从而在攻防中发展了击打格斗的技术。同时，器械的构造也逐步发生变化，以利攻防性能的发挥。剑的结构有剑尖、剑刃。剑身两刃锋利，进攻性强，但对于格架防守却极不适用。于是，短兵中刀就发展起来，成了兵卒的常用武器。例如，在山东沂南画像砖石墓墓门的横额上有一幅战斗图像，不论步兵还是骑兵交战，双方除了用弓箭以外，近战时一手持环柄刀，一手持长方形盾牌，进行较量（图4-10）。此图生动地显示，在东汉末，剑、盾已逐步被刀、盾所取代。

图4-10　汉代持刀、盾的骑士和步兵

刀尖、刀刃便于击刺攻击，刀背厚而坚，也能与其他器械相格相碰，便于防守。"剑走青，刀走黑"，也正说明刀剑在使用上的不同特点。西汉时期主要用环柄刀，刀系铁制，直脊直刃，刀柄和刀身之间没有明显区别，没有护手，刀柄后系扁圆环，一般刀长85厘米。刀可大劈大砍，又由于刀与剑同样携带方便，民间以刀为武器者很多，有的卖刀剑后买牛。《汉书·龚遂传》载："民有持刀剑者，使卖剑买牛，卖刀买犊。"《后汉书·彭修传》载："修父为盗所劫，修年十五，拔佩刀持盗帅曰：'父辱子死。'盗曰：'此童子义士也。'"《三国志》载："昔隽不疑汉之名臣，于平安之世而刀剑不离于身，盖君子之于武备，不可以已。"这些都说明汉人已有佩刀习惯。当时，不但武人佩刀，文人也有佩刀之风。《后汉书·舆服志》载："佩刀，

中国武术史

乘舆黄金。"可见，汉人已视刀为重要的护身武器。周纬的《中国兵器史稿》云："重刀之习，起于汉代，……然则汉剑亦自有其相当声价，未容忽视焉。列朝载籍之称述汉剑者，并不亚于汉刀之记载。"

汉有铜刀、铁刀两种刀。汉代是铜、铁武器交替时代，也是铁器代替铜器的时代。这与汉代冶铁技术的发展有重要关系。《中国通史简编》说："汉武帝设铁官后，推广炼钢术，全国铁官都能炼钢造兵器，其中蜀郡铁官所制蜀刀最著名。"近年，辉县及长沙发掘的两汉墓葬，证明从汉武帝起长铁剑和铁刀代替了铜兵器。

三国时期，军队大量装备环柄刀，作战时一手持刀，一手持盾。刀的制造也更加精良，如诸葛亮让蒲元铸造的刀"称绝当世"，因曰"神刀"。这些神刀造于斜谷，共3000口，其形状据《蒲元传》载，"今之屈耳环者，是其遗范也"，说明仍是一种环柄刀。当时以产剑闻名的吴越和楚地，也盛产环柄刀了。

曹操的《百辟刀令》中写道："往岁，作百辟刀五枚。适成，先以一与五官，将其余四吾诸子中，有不好武，而好文学者，以次与之。"曹操把最好的刀给曹丕，以鼓励他不仅要学文，也要学武。曹丕不仅剑术好，也喜刀术。例如，《初学记》卷二十二就载有魏陈王曹植的《宝刀赋》，曹植写道："建安中，家父魏王乃命有司造宝刀五枚，三年乃就，以龙、虎、熊、马、雀为识，太子得一，余及余弟饶阳侯各得一焉。"

五、长戟与手戟

汉魏时期，戟仍是军队中装备的主要格斗武器，步卒和骑兵都使用。《汉书》载，"田肯贺上曰：秦，形胜之国也，带河阻山，县隔千里，持戟百万"，"陈琳为袁绍檄豫州曰：……幕府奉汉威灵，折冲宇宙，长戟百万"。这虽是形容军队之壮大，然可看出戟仍不失其为当时之代表性武器。

1960年6月，在河南鹤壁市东南的鹿楼村东发现了汉代冶铁遗址，有"卜"形、长胡、刺颇锐利的铁戟（图4-11，原载《考古》1963年第10期）。另从长安城武库遗址发掘中也发现了大量铁戟及铁制矛、剑、刀、斧、镞、戈等，可以印证汉时戟之重要。

图4-11 汉铁戟

汉时，长于用戟的人很多。《三国志·典韦传》载："韦手持十余戟，大呼起，所抵无不应手

中国武术史

倒者……韦好持大双戟与长刀等，军中为之语曰：'帐下壮士有典君，提一双戟八十斤。'"《三国志·吕布传》载："布便弓马，膂力过人，号为飞将……然卓性刚而褊，忿不思难，尝小失意，拔手戟掷布，布拳捷避之。"可见，手戟也是比较普遍使用的短兵武器。

曹操是舞手戟的能手。《异同杂语》载："太祖尝私入中常侍张让室，让觉之，乃舞手戟于庭，逾垣而出。才武绝人，莫之能害。"

《汉书·韩延寿传》载："在东郡时，试骑士……建幢棨……功曹引车，皆驾四马，载棨戟。"这说明长戟既可步兵使用，亦可车兵使用，而手戟则属短兵，既可舞，也可掷，当时用手戟者仅次于刀剑。

六、戈、矛、殳、斧、大刀、狼牙棒等

这些都是秦汉时代兵卒使用的武器，汉代随着车战过时，逐渐弃戈而用矛。矛多用于马战，张飞曾"横矛当阳"，后世传为佳话。《三国志·蜀志》载："先主奔江南，曹公追之……使飞将二十余骑拒后。飞据水断桥，瞋目横矛曰：'身是张翼德也，可来共决死！'敌皆无敢近者。"随着车战减少，殳在作战中的用处也相应减弱，但在群众练武中，由于棍经济、简便，

仍不失为一种重要武器。《史记》记载的陈胜、吴广"斩木为兵"就说明它仍有使用价值。

斧在秦汉也是一种有代表性的武器。例如,《三国志·魏书》载:"延绣及其将帅,置酒高会。太祖行酒,韦持大斧立后,刃径尺。"

1952年9月,在四川德阳黄浒镇蒋家坪出土了斧车画像砖(图4-12),上面画有驾一马的兵车,大钺斧立车中,左右各坐一人,车上斜搁两柄棨戟斜出车外,斧和棨戟皆饰有彩帛,由于行车前进甚速,彩帛随风飘动,更显得威武雄壮。

《后汉书·舆服志》载:"轻车,古之战车也。洞朱轮舆,

图4-12　斧车画像砖(四川省博物馆藏)

中国武术史

不巾不盖，建矛戟幢麾……诸车有矛戟，其饰幡斿①旗帜皆五采。"棨戟在帝王法驾则名"阘戟"。薛综曰："阘之言函也，取四戟函车边。"这也证明这些武器在汉时仍占有重要地位，但关于这些武器的使用方法的文字则不多见。

1969年10月，在甘肃武威县一座东汉晚期墓葬中发现了铜马39匹、铜车14辆，还有持矛、戟、钺等兵器的武士俑。这些持械铜俑与汉画像砖斧车图相参照，都证明戟、矛、戈、斧、大刀等都是当时步、骑兵以及车战中的长兵武器。

由于各种武器的性能不同，使用武器的方法也不一样，在作战中就有一个互相配合以取长补短的战术问题。《司马法》载："弓矢围，殳矛守，戈戟助。凡五兵，长以卫短，短以救长。"完成以上战术要求，必须有持不同器械的士兵进行整体训练，以及使用不同武器进行攻防格斗的单兵训练，后者也正是练武的重要内容。

除上述常见的兵器外，东汉早期还有青铜制的武器——狼牙棒。1972年1月，在云南江川李家山古墓群就出土了4件狼牙棒武器，其中带矛头的有两件，经鉴定系战国晚期至东汉早期的武器。

---

① 旗之直幅附于竿者谓之"縿"，其旁缀横幅附于竿者谓之"斿"。

七、弓、弩

由于弓矢改进，秦汉时代射的技术也有了很大发展，关于射法技术的著作也大量出现。仅《汉书·艺文志》中记载的就有《逢门射法》2篇、《阴通成射法》11篇、《李将军射法》3篇、《魏氏射法》6篇、《强弩将军王围射法》5卷、《望远连弩射法具》15篇、《护军射师王贺射书》5篇、《蒲苴子戈法》4篇。可惜，这些著作大部亡佚。

连弩是汉代远兵中的重要武器，可一发数弩，乃至10弩。《魏氏春秋》载："亮损益连弩，谓之元戎，以铁为矢，矢长八寸，一弩十矢俱发。"由于速发威力大，在抗击匈奴侵扰中给敌人很大威胁。《汉书·李广传》载："李广以汉大黄参连弩，射匈奴左贤裨数人。"《三国志·诸葛亮传》载："亮……损益连弩，木牛流马。"关于弩射的技术，《梦溪笔谈》中曾提到东汉刘宠。刘宠被封为陈王，他是弩射能手。据该书记载，"汉陈王宠善弩射，十发十中，中皆同处，其法以天覆地载，参连为奇，三微三小。三微为经，三小为纬，要在机牙。其言隐晦难晓。大意天覆地载，前后手势耳。参连为奇，谓以度视镞，以镞视的，参连如衡，此正是勾股度高深之术也"。他精辟地论述了在发射时，度、镞、的三者成一直线，关键在于机牙的道理。

弩射除用手张弩外，由于出现了重型弓弩，需用脚来蹬开，方可将弩矢装上去。《汉书·申屠嘉传》载："今之弩，以手张者曰擘张，以足踏者曰蹶张。"

汉时军队非常重视教习战射，善射者担任射者校尉、钦飞射士等职，掌戈射。《后汉书·帝本纪》载："顺帝永建元年冬十月庚寅，告幽州刺史，其今缘边郡增置步兵，列屯塞下。调五营弩师，郡举五人，令教习战射。"可见，古代作战中非常重视弓矢技术。当时善射者有李广之射石没镞，有吕布的"辕门射戟"（见《后汉书·吕布传》）等。《三国志·曹彰传》载，曹操的儿子曹彰"少善射御，膂力过人，手格猛兽"，又说"……彰追之，身自搏战，射胡骑，应弦而倒者前后相属"。从对这些历史人物高超射技的典型事例记载，以及射法的大量理论著作，可以看出汉时射技发展的全貌了。

第八节 对抗性攻防技术

对抗性攻防技术能培养人勇敢、顽强、机智、敏捷、反应快，并促使人体全面发展。比赛双方预先没有固定的动作次序，在实战中对抗双方都以对方行动为转移，互相指向对方弱点，避开对方坚实处，通过较量来分胜负。前面已分别叙述的"手搏""角抵""短兵对短兵"等对打,都属此类项目。从大量出土的东汉文物看,还有以剑为主体的长、短兵对打,如"剑对戟""剑对钺"等。

在郑州新通桥汉代画像空心砖墓中有一幅对刺图,左一人手持戟前刺,右一人倾身向前,右手执剑,左手拟钩镶推挡,身后有一棵树,其意境很像已被对方逼于树下,还手反击对方的进攻(图4-13)。从图中不仅可看出击法,也可推测出当时的防守方法已很高超,如侧身闪开,使对方击空,用钩镶推挡来改变器械用力的方向,以达到防守目的等。这些战术动作都为反攻创造了条件。

1971年秋,在河南省唐河县一座早年被盗过的画像石墓中发现了一幅击剑图。图高57厘米、宽106厘米,画中二人各持长剑相击,旁有小孩奔走;一人握一钺,将前人的帽盔砍至空中,

图4-13　汉代对刺图

中国武术史

由于用力过猛，钺柄折断而人后倾（图4-14）。此图生动地表现了利用剑术等对击的惊险场面。

图4-14　汉代击剑图

　　此外，还有一幅在成都羊子山出土的东汉画像砖，画有一人手执长戟向对方腹部刺去，另一人侧闪格开器械，跃步向前用剑还击刺头的动作（图4-15）。从身穿铠甲判断，显然不属于套路对打的演练，而是对抗性的攻防格斗。执戟者的姿势沉稳，下身稳固，握戟"前手如管，后手如锁"，戟捍伏腰，如索之缠身，看得出当时用戟技术已达到相当高的水平。执剑者则利用闪身，躲开来戟，快速上步变远距离为近距离，以发挥剑的短兵长用的优点，用突刺还击对方。这幅剑戟对刺的画像

图 4-15　东汉剑戟对刺图

生动地表明当时步法轻快、进攻防守后还击等攻防技术已有
了惊人的发展。1964年，在江苏徐州十里铺发现了一块画像
石，上刻有两个武士互相格斗，左侧一人执长戟，右侧一人赤
膊（图 4-16）。上述汉画像砖或石刻画石都形象逼真，富于生

图 4-16　空手对戟

中国武术史

活气息，并从剑与戟等对击场面展现了汉代攻防格斗技术的发展水平。

第九节　武术套路技术

武术套路技术与对抗性攻防格斗技术是紧密相连、相互作用的。套路技术吸取了大量攻防格斗的内容，并通过套路形式保存下来。同样，套路运动也为对抗性攻防格斗技术提供身体条件及较熟练的攻防散招。套路中的动作拆开来活用就叫散招。攻防技术又不断补充到套路中去，两者紧密相连，但又有区别。因此，武术家既练套路，又练实打。当时出现的套路有"剑舞""刀舞""双戟舞""钺舞"，还有象形的"沐猴舞""狗斗舞"等。舞就是指练套路，剑舞就是舞剑，如项庄拔剑起舞（图4-17）。刀舞就是舞刀。《吴书·凌统传》载："酒酣，统乃以刀舞。"

上述各种舞练过程中都有明显的技击目的，即练舞也讲招法。这种套路形式的攻防技术，防身自卫的价值较强，在平时训练中也广为提倡。

汉末古沂南墓剑饰图中有一帝王欣赏一武士舞剑，武士提膝转身持剑欲击，手、眼、身、剑浑然一体，给人以动态之感（图4-18）。

图4-17 项庄舞剑（南阳汉画石）

　　除单练套路外，秦时就已经出现了对练套路，而且最早盛行在三辅①，即今陕西关中一带，也就是西汉京城长安附近地区。《西京杂记》载："秦末有白虎见于东海，黄公乃以赤刀往厌之术，既不行，遂为虎所杀。三辅人俗用以为戏。"这就是

---

　　① 三辅指西汉治理京畿地区的3个职官。西汉建都长安，京畿官统称内史。景帝时分置左、右内史及都尉，即有三辅的名称。三辅也指这3个官员管辖的地区。

中国武术史

图4-18　汉代舞剑图

汉代有名的角抵戏之一，名为"东海黄公"。在这出戏中，有人持刀与扮虎的人对打，实际上是"空手对刀"，两个人按预定的动作次序进行，最后空手者胜持刀者。这种对打形式，虽属戏剧表演，但也佐证了当时已有对练套路。它对后世武术对练套路的发展影响颇大。

由于受秦的影响，汉时武术套路无论在内容上还是在形式上都发展较快，既有单练，也有多种形式的对练。

由于百戏出现，不少受人喜爱的武术项目被吸收到百戏中去，如"剑舞""钺舞"等。

百戏起于秦汉（见《太平御览》卷五）。百戏中包括乐舞。

宋人郭茂倩认为杂舞"始皆出自方俗，后浸陈于殿庭"，又说"自汉以后，乐舞浸盛，故有雅舞，有杂舞。雅舞用之郊庙、朝飨，杂舞用之宴会"（见《乐府诗集》）。

在四川成都羊子山二号墓出土的东汉桓灵时期墓葬中发现了丸剑画像砖，上面就画有宴会后管乐齐鸣的雅舞以及杂舞的表演：右上方一人弄丸，七弹齐飞；一人舞剑，并用肘顶瓶；右下方有个高髻细腰伎女正拂袖而舞；左下方一男子赤膊，动作为丁步推掌，右手持械在练武（图4-19）。这种舞剑，看来均纯系表演性质。

1972年，在四川郫县还出土了东汉墓石棺，石棺上所刻"曼衍水戏"中就有一人舞钺（图4-20）。

在陕西米脂汉画石中有剑、盾对双戟的对练：一人弓步举双戟进攻，另一人持剑、盾防守，招式清楚，动作逼真（图4-21）。但这种对练显然不同于对招性比赛。

在南阳汉画石上有空手夺枪的图像：一人手持长枪做弓步刺枪，另一人横步亮掌做夺枪之势（图4-22）。既有单练，也有对练，对练中有短兵对短兵，也有长兵对短兵。这反映了人们当时对套路运动的喜爱。

这些舞剑、舞钺以及套路的单练、对练等武术项目一旦被吸收到百戏中，就必然朝着表演方向发展。它既要保留其中富

图4-19　丸剑画像砖（四川省博物馆藏）

图4-20　舞钺

图4-21 剑、盾对双戟（汉画石）

图4-22 空手夺枪（汉画石）

中国武术史

于表演的击法技巧，也要在表演艺术方面润色。这样，逐步同军事紧密结合的套路与纯表演形式的套路就分道扬镳而各自发展了。

第十节　象形类拳术

汉代已有模拟动物或吸取动物的动作特点并结合攻防方法的拳种。原始社会出现的猿猴舞、雀鸟舞、熊舞等模仿各种动物动作的舞，在《尚书》中称为"百兽舞"。汉代有记载的有"猕猴舞""狗斗舞""马舞""醉舞""六禽戏""五禽戏"等。这些成为当时举行盛大宴会时表演的内容，其中有不少动作被后人创造的象形拳及其他拳术所吸取。

《礼记·乐记》载："汉书檀长卿为猕猴舞，是状如猕猴。"《古今合璧事类备要》卷十二有"醉舞"的记载。《乐府杂录》记述了东汉时"舞者，乐之容也。有大垂手、小垂手，或如惊鸿，或如飞燕……马舞者，桄马人著彩衣，执鞭，于床上舞"。像这些模拟动物形象的技术一旦与武术中的攻防动作结合，也就成了象形类的拳术套路。湖南长沙马王堆三号汉墓出土的汉帛画导引图（图4-23）就有"沐猴灌"的名目和图像，著录的正是古代的猴拳，从形象上看，吸取了猴子敏捷的特点，也有

图4-23 "沐猴灌"

拨弄挑逗、凌厉攻击和仓皇奔逃等借以自卫的情景。

此外，还有象形类的体操。汉末，华佗受导引术"熊经鸟申"的启发，又吸收了鹿、猿、虎等动物形象而创造了"五禽戏"。《三国志·魏书·方技传》载，"华佗字元化，沛国谯人也"，"佗语普曰：'人体欲得劳动，但不当使极耳。动摇则谷气得消，血脉流通，病不得生，譬犹户枢不朽是也。是以古之仙者为导引之事，熊颈鸱顾，引挽腰体，动诸关节，以求难老。吾有一术，名五禽之戏，一曰虎，二曰鹿，三曰熊，四曰猿，五曰鸟。亦以除疾，兼利蹄足，以当导引。体中不快，起作一禽之戏，沾濡汗出，因上著粉，身体轻便，腹中欲食。'普施行之，年九十余，耳目聪明，齿牙完坚"。这清楚地介绍了"五禽戏"的健身作用，但无攻防动作，只能是模仿动物动作的体操。但它对后来的象形拳，如猴拳、螳螂拳以及"五拳"（龙、虎、豹、蛇、鹤五式）、形意拳（龙形、虎形、猴形、马形、鼍形、鸡形、燕形、

中国武术史

鹞形、蛇形、骀形、鹰形、熊形）、八卦掌（有"青龙返首""鹞子钻天""白蛇伏草""燕子抄水""凤凰展翅""猛虎扑食"等）、太极拳（有"白鹤亮翅""抱虎归山""金鸡独立"等）、南拳（有鹤拳、狗拳、虎鹤双形拳等）等拳术影响颇大，只不过这些拳术在模拟各种动物姿态的同时，紧密而巧妙地与攻防方法相结合而已。

第五章　两晋南北朝时期的武术

两晋南北朝是一个战乱频繁、动荡不安的时代，北方少数民族大量拥入中原，逐步实行了民族融合。以后，晋从洛阳迁都建康（今南京），建立东晋王朝。南方处于相对稳定状态，北方人民大量南迁，由于民族迁徙杂居，文化交流频繁，武术也相应得到了交流，使具有南北不同特点的武术得以相互渗透与吸收。但是，由于南朝和北朝的分裂形成了南北朝的对峙局面，在这样一个战乱频繁、动荡不安的时期，儒、道、佛三教日趋合流，玄学盛行，官僚、贵族迷恋奢侈的生活，信奉宗教，追求长生不老之术，在一定程度上阻碍了武术的发展，使之从汉代兴盛状况转为日益衰落。

"武术"一词初见于萧统的《文选》中南朝颜延之的《皇太子释奠会作诗》："偃闭武术，阐扬文令。"当时，武术系指停止战争，提倡文教，以后才成为指强身自卫的技击术的专用术语。

　　　　　　　　　　　　中国武术史

第一节　府兵制与选士标准

府兵制起于西魏大统，废于唐之天宝，前后凡200年。两晋南北朝实行府兵制。

府兵制选士标准对武艺有很高要求。《通典·兵典》卷一百四十八载："选士之科……引强彻札，戈铤剑戟，便于利用，挺身捕虏，搴旗斩将，堪陷陈者；矫捷若飞，逾城越堑，出入无形，堪窥觇者；往返三百里不及暮至者；破格舒钩，或负六百斤行五十步，四百斤行百步者。"从这些选士标准看，既要会拳术的捕虏擒拿技术，也要会使用戈、铤、剑、戟等长、短兵器的技术，既要能"若飞"般疾跑，也要能逾城越堑，攀登跳跃，长途负重行军。这在武术技巧和速度、耐力、力量诸方面，均有严格要求。由于练武的人较多，达到这个标准的不乏其人。《晋书·马隆传》载："隆曰：臣请募勇士三千人，无问所从来，率之鼓行而西……隆募限腰引弩三十六钧、弓四钧，立标简试。自旦至中，得三千五百人。"这说明武艺在群众中有着广泛的基础，所以才能有这么多人达到标准。

第二节　士兵、部曲与青年练武

士兵练武称讲武，并有专门的场地。例如，《晋书·志》载："成帝咸和中，诏内外诸军戏兵于南郊之场，故其地因名斗场。"《南史·齐本纪》载："又以阅武堂为芳乐苑，穷奇极丽。"可见，当时的演武堂十分讲究。

讲武，一般在冬季进行。讲武时，观众甚多。《周书·武帝本纪》载："天和三年冬十月癸亥，祠太庙。……上亲率六军讲武于城南，京邑观者，舆马弥漫数十里，诸蕃使咸在焉。"又载："建德元年十一月丙午，上亲率六军讲武城南。建德二年……十一月辛巳，帝亲率六军讲武于城东。癸未，集诸军都督以上五十人于道会苑大射，帝亲临射宫，大备军容。"讲武是军事训练，也包括武艺的内容。此外，还有小规模的教旗习战的练武活动。《北史》卷六十记载了当时士兵练武情况："十五日上，则门栏陛戟，警昼巡夜；十五日下，则教旗习战。无他赋役。每兵唯办弓刀一具，月简阅之。甲槊戈弩，并资官给。"上述记载又进一步印证了长兵中的戟、戈、甲槊，短兵中的刀，以及远兵中的弓、矢等使用技术，是当时武艺的重要内容。另从北朝的步卒来看，有的也把剑作为短兵器使用（图5-1）。

图5-1　河南邓县学庄村画像砖上的北朝步卒图
（除佩带弓、矢、盾牌外，多持长剑）

　　除士兵练武外，来自劳动人民的部曲平时从事农业生产，战时还有替主人作战的义务。他们"秋冬习战阵，春夏修田桑"。此外，不少青年苦练武艺，以反抗外侮。当时，祖逖和一个叫刘琨的朋友在司州（今河南汜水）当主簿（管理文书的小官），发奋要刻苦锻炼成为文武兼备的人。《晋书·祖逖传》中载，他和刘琨"情好绸缪，共被同寝。中夜，闻荒鸡鸣，蹴琨觉曰：'此非恶声也。'因起舞"。练早功的习惯，已沿袭至今。

　　颜之推是经历南北朝的人，他一生做过两次亡国之人，他深感练武的重要。他在《观我生赋》中以沉痛的心情写道："向使潜于草茅之下，甘为畎亩之人。无读书而学剑。"他在《颜氏家训·诫兵》中说："吾见今世士大夫，才有气干，便倚赖之，不能被甲执兵，以卫社稷，但微行险服，逞弄拳腕，大则陷危亡，小则贻耻辱。"他还强调说："熟练兵器，能骑马，才算得武夫。"

在士大夫阶层中，不乏练武者，但其中有人却认为练习武艺是"不急之末学"（见葛洪：《抱朴子·外篇自序》）。《北齐书·魏收传》载，"好习骑射，欲以武艺自达"的魏收，后因荥阳郑伯讽刺他说"魏郎弄戟多少"，魏收感到惭愧，"遂折节读书"，放弃了练武。这些事例反映了当时轻视习武的社会风气。

第三节　骑兵出现拐子马的作战方式

当时的练武活动是以适应发挥兵器、兵种的战斗威力为特征的，是随着兵种、兵器的变化更替而做技术上的更替的。当时，作战方式仍以步、骑兵为主，此外还有车骑、拐子马等作战方式。1973年5月，山东博物馆与苍山县文化馆发掘的一座南朝时刘宋元嘉元年（424）画像石墓中有车骑出行图：轺车后为斧车，车无盖，车厢中竖一大斧，后斜插双戟；后有一骑吏和辎车。除斧车作战外，还有拐子马作战方式。《癸巳存稿》载，"《晋书》慕容恪攻冉闵，择鲜卑善射者五千人，以铁锁连其马，为方阵而前"，"拐子马，三人为伍，贯以韦索"。作战方式变了，破拐子马的方法也相继出现。为了对付拐子马，使一马仆，二马不能行，于是，钩镰枪之类的武器及其使用方法也相继出现。

第四节　练武与练功

练武要有很好的体质做基础，这是练好武艺本身最基本的要求，所以练武中也包括了练跳、练跑、练力。自晋以后，翘关逐渐代替扛鼎。翘关的原意是举起城池的大门，到了晋朝成为专门练力的铁杠，因沿用翘关之说，故仍名翘关。

晋朝许多皇帝曾下诏书，要州、县官员推选擅长剑术和翘关的力士。《北史·傅永传》载："有气干，拳勇过人，能手执鞍桥，倒立驰骋。"可见，当时强调会武的人要进行力量性训练。《晋书·成帝本纪》载："咸和八年，今诸郡举力人能举千五百斤以上。"至于当时是用几种姿势举一千五百斤则不详，但反映了练武必须练力确是事实。

此外，当时还拉硬斛弓练力。例如，《北齐书·綦连猛传》载："猛遂并取四张，叠而挽之。"《魏书·列传》也载："仪膂力过人，弓力将十石。陈留公虔，槊大称异。时人云：'卫王弓，桓王槊。'"《南史·齐武帝诸子》也载，有一个董僧慧"能反手于背弯五斛弓"。

不仅拉硬弓练力者不乏其人，练击石破碎、飞檐走壁等硬功、轻功者亦不鲜见。《梁书·羊侃传》载："侃少而雄勇，膂力绝人，所用弓至十余石。尝于兖州尧庙蹋壁，直上至五寻，横行得七迹。泗桥有数石人，长八尺，大十围，侃执以相击，悉皆破碎。"

除练力之外，武艺高强者亦将攀登爬越和弹跳等列为必练内容。《宋书·刘康祖传》载："每犯法，为郡县所录，辄越屋逾墙，莫之能禽。"从这段话来看，武艺高强者，其所具备的绝技不只是拳械功夫，而且还具有腾、挪、闪、展之技。《陈书·周文育传》载，当时有一少年名猛奴，"年十一，能反复游水中数里，跳高六尺"。可见，练武中还有了游水、轻功及练习弹跳的内容。此外，武艺高强者还善于奔跑。《陈书·黄法氍传》载："少劲捷有胆力，步行日三百里，距跃三丈。"《陈书·程灵洗传》载："少以勇力闻，步行日二百余里，便骑善游。"这些记载说明劲力、弹跳、速度三者在当时的练武过程中已成为不可忽视的练习内容，它们是武艺中的素质基础，直至今日仍不失其实用价值。

第五节　拳术与角抵

史料中记述拳术技术方法的尚不多见，但会武之人都有膂力，会拳术，这方面的记载不少。例如，《宋书·黄回传》中记载了"回拳捷果劲，勇力兼人，在江西与诸楚子相结"。《册府元龟》中也有关于黄回的记载："王宜为屯骑校尉，与黄回同石显之谋。宜拳捷，善舞刀，回尝使十余人以水交洒不能著。"说黄回、王宜武功超群，"十余人以水交洒不能著"，当然夸大，但可看出当时武艺中使用的动作异常快速、有劲。

《晋书》载，有个叫周处的人，"未弱冠，膂力绝人，好驰骋田猎""入山射杀猛兽""投水搏蛟"。此书还说，有个叫刘曜的人，"雄武过人，铁厚一寸，射而洞之，于时号为神射"；还有一个叫符生的人，能"力举千钧，雄勇好杀，手格猛兽，走及奔马，击刺骑射，冠绝一时"。这些话不免有些夸大，但仍可见当时人大都会拳术，膂力过人，也说明当时人把拳术视为身体训练和武器训练的基础。

当时，也有赤手空拳的比武形式，借以比试力量。这种形式能培养勇敢、坚毅、机智等一系列素质，并能改进机体的速度、力量、耐力等，特别是能使参加者学会利用时机进攻对方，所以一直被人们所喜爱而世代沿用下来。《角力记》载:"夫角力者，宣勇气，量巧智也。然以决胜负，骋矫捷，使观之者远怯懦，成壮夫，已勇快也，使之能斗敌。至敢死者之教勇，无勇不至。斯亦兵阵之权舆，急竞之萌渐。"这种比赛方式在《晋书·庾阐传》中有记载:"父东，以勇力闻。武帝时，有西域健胡矫捷无敌，晋人莫敢与校。帝募勇士，惟东应选，遂扑杀之，名震殊俗。"但从客观上分析来看，历代比武不限于摔法，而多是拳、脚及摔法兼而有之的战术综合运用，唯战胜了对方算数。

关于角抵，《魏书·乐志》载，"北魏道武帝于天兴六年冬，诏太乐、总章、鼓吹，增修杂伎，造五兵、角抵"，"后周武帝保定初，诏罢元会殿庭百戏。宣帝即位，郑译奏徵齐散乐，并会京师为之，盖奏角抵之流也"。据此，南北朝君主几乎无一不讲求娱乐，甚至在墓葬的壁画中也有反映。敦煌第290窟北周壁画中就有描绘太子左手抓住对方头颈用力下按，右手抓住对方右踝上提将对方摔倒的图像（图5-2）。

"相扑"之名始于西晋，特点是互相抓住腰带以相角。

在民间，相扑深受人民喜爱，其中北方荆楚及颍川、襄城二郡开展较普遍。《角力记》载:"荆楚之人，五月间相结伴为相攒之戏，即扑也。"王隐的《晋书》也记载了颍川相扑的技

图5-2 敦煌第290窟北周壁画

术比襄城的高明:"颍川、襄城二郡,班宣相会,累欲作乐。襄城人首责功,曹刘子笃曰:'卿郡人不如颍川人相扑。'"襄城王弘默认了不行,遂用"相扑下技,不足以别两国优劣"来进行辩解。

在吉林省通化地区集安县黄柏公社长川大队的一个向阳坡地上发现了一座大型古墓,墓室和北面墙壁上绘有许多人物故事图案,其中有一幅相扑图,两人各抓对方腰带,栩栩如生。据考古学家断定,此系距今约1500年前魏晋南北朝时期的文物(图5-3)。

人民喜爱相扑,作为习武练身的手段,而统治阶级则把相扑作为追求刺激性消遣玩赏的内容,因此,巧出花样,在宫廷

图5-3 南北朝时的相扑图

举行女子相扑比赛。吴末帝（孙皓）"使尚方以金作步摇假髻以千数，令宫人著以相扑，朝成夕败，辄命更作"（见虞溥：《江表传》）。宫女头戴金丝做的步摇（即首饰），互相抓扑，这严重摧残了妇女的身心。由此可见，人民在实践中一招一式地、创造性地发展着这些项目，而统治阶级则百般摧残，把提高战斗技能的练武方式完全变成了供统治者恣意享乐的内容，弄得这些项目面目皆非，破坏了其正常的发展。

第六节　刀剑与木制刀剑代刃剑

刀剑仍是当时随身携带的防身武器。南朝时，谢平所制的"神剑"，相传能削断悬挂在头发丝上的十五根穗芒而发丝

中国武术史

不绝，号称"中国绝手"。《史记·日者列传》载："齐张仲、曲成侯以善击刺，学用剑，立名天下。"《古诗源》卷十四中有一首《从周入齐夜度砥柱》诗，该诗曰："侠客重艰辛，夜出小平津。马色迷关吏，鸡鸣起戍人。露鲜华剑彩，月照宝刀新。问我将何去，北海就孙宾。"这首诗赞美了鸡鸣即起，骑着马，在晨露和清冷的月光映照下，佩带在身的宝刀和剑越发显得锋利光彩，前往北方学习武功（或谓从军）的英雄。《旧五代史·后周列传三》载："仁海幼事唐骁将陈绍光，恃勇使酒，尝乘醉抽佩剑。"晋朝傅玄还专门写了这样一段诗："剑为短兵，其势险危。疾逾飞电，回旋应规。武节齐声，或合或离。电发星驽，若景若差。兵法攸象，军容是仪。"（见《古今图书集成·戎政典·刀剑部》）这说明在短兵相接中，剑有其得天独厚的重要作用。但在阵战中使用剑来作战，实则日渐减少，逐渐被刀所代替了，特别是环柄刀成了当时士兵的重要装备之一。这从现在发现的当时壁画和画像砖等大量考古材料中都可看得出来。例如，敦煌莫高窟第285窟的西魏壁画"得眼林"故事中就生动地表现了以刀、盾装备的步兵与骑兵战斗的情景（图5-4）。

武艺与军事技术的发展有着密切的关系。军事的发展必然促进武艺的发展。但由于六朝人士尚清谈、好玄理，以及道、

图5-4　敦煌莫高窟壁画上的步兵与骑兵战斗图

佛、儒合流，其影响必然渗透到社会各阶层的生活中。当时的
方士宣扬"修道得仙"，用吞金丹、符水来取代武艺，视剑为
具有神秘色彩的法器，甚至把武器也换成象征性的器械。比
如，当时就有不少人以木作剑。《宋书·礼志》载："剑者，君
子武备。然自人君至士人又带剑也。自晋以来始以木剑代刃
剑。"《晋书·舆服志》载："汉制，自天子至百官，无不佩剑，
其后唯朝带剑，晋世代之以木，贵者犹用玉首，贱者亦用蚌、
金银、玳瑁为饰。"显然，以木剑代替刃剑是以装饰为主，但
是当其被封建迷信色彩笼罩之后，便出现了仗剑使法吹嘘比真

　　　　　　　　　　　中国武术史

剑还厉害的荒诞无稽之邪说，麻醉了人民，也使剑术"神化"，人们不再刻苦练武了。其后果就是极大地束缚了武艺的发展，使武艺停滞不前。木刀在宫廷中也作为象征性武器而保留。《新唐书·仪卫志》载："仪刀，刀以木为之，装以金、铜或银，备仪卫之用。"《二仪实录》载："仪刀自东晋多虞，遂以木代之，以备威仪，即衙刀也。"

第七节　大刀、长矛、槊戈及斧、钺、钩、戟、槊

大刀、长矛及槊戈都是当时步、骑兵作战的重要武器，也是练武的重要兵器。《晋书·赫连勃勃》载："又造百炼钢刀，为龙雀大环，号曰'大夏龙雀'，铭其背曰'古之利器，吴楚湛卢。大夏龙雀，名冠神都，可以怀远，可以柔逖，如风靡草，威服九区'，世甚珍之。"当时，北方以宿铁刀为优，系綦毋怀文所制（见《晋书·匈奴传》）。《梁书·羊侃传》载："车驾幸乐游苑，侃预宴。时少府奏新造两刃槊成，长丈四尺，围一尺三寸，高祖因赐侃马，令试之。侃执槊上马，左右击刺，特尽其妙。"槊即古代既重且长的矛，是马上用的重型武器。关于槊的记载见于《南史·王茂传》，如说"外甥韦欣庆勇力绝人，执铁缠槊翼茂而进，故大破之"。另外，在《北史·拓跋虔传》

中也有关于槊的记载："虔姿貌魁杰，武力绝伦。每以常槊细短，大作之犹患其轻，复缀铃于刃下。"这说的是槊太细太短，用起来不称手。

长矛比槊短，但仍长丈八，与大刀都属长兵。《晋书·刘曜传》载"安左手奋七尺大刀，右手执丈八蛇矛"，说明陈安善用长矛、大刀。

《晋书·刘曜传》记载的《陇上歌》曰："陇上壮士有陈安，躯干虽小腹中宽，爱养将士同心肝。骢骢父马铁锻鞍，七尺大刀奋如湍，丈八蛇矛左右盘，十荡十决无当前。"这说的是陈安骑着一匹杂色雄马，马鞍是铁打的，他挥舞七尺大刀和丈八蛇矛，冲到哪里，哪里就溃退，没有人能够挡住他前进。

从上述可见，大刀、蛇矛使用技术在当时已有了发展。从丈八蛇矛左右盘的技术看，扫枪、拨枪技术已有了发展。此外，枪法中的拦、拿、扎等动作也被熟练地掌握和运用了。

戈虽系长兵，但在魏晋时期已逐渐减少，只在少数民族武士中仍有持戈操练的习武活动。从河西出土的魏晋绘画中有一幅《酒泉下河清五坝河壁画之习武图》，图上有两个少数民族武士，二人皆高鼻蓬发，着青绿色交领短衣，束腰，下穿横纹裤（或为裹腿），一人呈半蹲式，手持戟，一人在引弓射箭（图5-5）。这说明戟在少数民族中仍在使用。

图5-5　魏晋习武图

　　斧、钺也是当时的重要武器。例如,《周书·武帝本纪》卷五载:"晋国公护率军伐齐,帝于太庙庭授以斧钺。"此外,还有钩、戟等兵器。通过使用这类武器作战,人们也掌握了两手各持以上不同武器作战的技术。《通鉴纪事本末》载,赵魏乱中原,"冉闵所乘骏马曰朱龙,日行千里。闵左操双刃矛,右执钩戟,以击燕兵"。可见,两手各持不同兵器比持相同兵器更难,这与平时练武活动中重视双兵器训练分不开。

　　槊出现较晚,战场上很少使用。《事物纪原》载,在梁简文帝的《马槊谱序》中写道:"马槊为用,虽非远法,近代相传,槊已成艺。"在练兵实践中,人们逐渐总结了一些有益经验,并加以归纳、整理。据载,梁简文帝萧纲就对马上用槊技术"搜采仰扬,斟酌繁简",整理研究并编制成谱(见《古今图书集成·戈矛部·马槊谱序》)。《隋书·经籍志》载，当时还有《骑马都格》《马槊谱》等，显然是为训练而专门编写的教材。此外，关于刀、盾的配合，关于单刀、双戟、杖的使用，亦"皆有口诀要术"（见《抱朴子外篇·自序》）。

葛洪[1]还提到练武者有"虚使无对，而实用无险"的情况（见《抱朴子外篇·行品》）。这说明在武艺训练中，从形式到内容都有了一定的发展。

第八节　武术套路技术

武术中，除与军事技术紧密相关的、攻防实用性较强的技术外，套路技术也随着攻防技术发展而有所充实。不少武术家把攻防格斗技术的精华动作往往用套路形式串联起来，以便记忆和练习，有的以舞的形式进行成套性练习或表演，以巩固其攻防经验。但以后随着表演增多，为了达到引人入胜的表演效

---

[1]　葛洪（约281—341），字稚川，自号抱朴子，丹阳句容县人。《晋书·葛洪传》载："少尝学射，但力不能挽强，若颜高之弓耳。意为射既在六艺，又可以御寇辟劫，及取鸟兽，足以习之，昔在军旅，曾手射追骑，应弦而倒，杀二贼一马，遂以得免死。又曾受刀盾及单刀双戟，皆有口诀要术，以待取人，乃有秘法，其巧入神。若此道不晓者对，便可以当全独胜，所向无前矣。晚又学七尺杖术，可以入白刃，取大戟。"

果，套路中除攻防格斗技术外，也加入了不少花法动作。特别是练武能强身这一事实逐渐被人们所认识，更加促进了套路技术的发展。例如，《续高僧传》载："宫中常设日百僧斋，王及夫人。手自行食。斋后消食习诸武艺。"由此可见，已有不少人练武是从强身角度出发，而并不都是着眼于技击的。

因此，武术套路技术，在两晋南北朝时发展很快。晋朝初期的文学家傅玄（217—278），看了套路技术的表演后写出了有关矛舞、剑舞、弩舞等的辞赋，还突出地论述了这些舞的性能、练习要点和艺术形象。

《洛阳伽蓝记》载："禅虚寺，在大夏门，御道西寺前，有阅武场，岁终农隙，甲士习战，千乘万骑常在于此，羽林马僧相善抵角戏，掷戟与百尺树齐等，虎贲张车渠掷刀出楼一丈。帝亦观戏，在楼恒令二人对为角戏。"在《通鉴·晋纪》里，对"走戟"注云："挑刀，舞刀也。今乡落悍民，两手运双刀，坐作进退为击刺之势。掷刀空中，高一二丈，以手接之。又善舞戟，左奔右赴为刺敌之势，又环身盘戟，回转如萦。"又说："以戟矜柱地，跳过矜上，特为儇捷，此所谓走戟也。"从以上记载可见，当时已出现用刀、戟进行的表演性质的套路技术。这些套路既突出攻防特点，也有花法串在其中。例如，脱手刀要求抛接准确。从掷戟到环身盘戟的回转如萦，只有很好地控制住戟的重心，才有可能使戟这样回转，这也是如今的飞叉演练方法。"作进退"击刺而掷的双刀，也明显成为套路运动花法动作之一。《南史·王敬则传》载："善拍张，补刀戟左右。宋前废帝使敬则跳刀，高出白虎幢五六尺，接无不中。"这种脱手刀抛接高而准确的技巧，以后被杂技所吸收，武术套路中也间或有之。

对练项目出现了戴面（亦作大面）来表演击刺动作，这和《武宿夜》中表演击刺不戴面有别，也和戴面不表演击刺有别。例如，《旧唐书·音乐志》载："大面出于北齐。兰陵王长恭，才武而貌美，常著假面以对敌。尝击周师金墉城下，勇冠三军，齐人壮之，为此舞以效其指麾击刺之容。"

第九节　弓矢与步骑射

射的技术，不仅要步射，还要骑马在快速奔驰中瞄准、撒放，无疑要求是很高的。

两晋南北朝时，会武之人也都会射，善骑射的人也不少见，《周书·贺若敦传》载，"敦少有气干，善骑射"，"敦弯弓三石，箭不虚发"。《周书·豆卢宁传》载，"宁少骁果，有志气"，"善骑射"，"于百步悬莎草以射之，七发五中"。《周

书·窦炽传》载：窦炽"善骑射，膂力过人"。《南史·宜都王
铿传》载"铿善射"，"取甘蔗插地，百步射之，十发十中"。《南
齐书·张敬儿传》记载了张敬儿"年少便弓马，有胆气，好射
虎，发无不中。南阳新野风俗出骑射，而敬儿尤多膂力"。

　　射箭不仅要准，还要射得远，当时射程竟达350步之远。
例如，《北魏书·高聪传》载："世宗幸邺……亲射矢一里五十余
步。侍中高显等奏：'伏见亲御弧矢，临原弋远，弦动羽驰，矢
镞所逮，三百五十余步。'"

　　北齐时，南北还举行过一次比武盛会，项目有驰射、拉硬
弓等。《北齐书·綦连猛传》载："梁使来聘，云有武艺，求访北
人，欲与相角。世宗遣猛就馆接之，双带两鞬，左右驰射。兼
共试力，挽强弓，梁人引弓两张，皆三石。猛遂并取四张，叠
挽之，过度。梁人嗟服。"从这段史料中可以看出，北齐热情
接待了梁的代表，并在齐国国内选了勇士与梁人相角，结果齐
国勇士战胜了。

第六章　隋唐五代时期的武术

第一节　禁武与练武

隋唐五代，尤其是隋唐时期，是中国封建社会发展繁荣时期，也是中国封建社会历史中有重要历史地位的一个时代。

唐（618—907）建立以后，特别是初唐（618）到天宝十四年（755），这130多年中，和汉代兴盛时期一样，是中国封建社会中的强盛时代。在这130多年中，政治局势比较稳定，经济繁荣，国力充沛，对外贸易发达，文化交流频繁，这些都为武艺的发展创造了条件。特别是器械的改变，套路演练技巧的提高，以及集体表演项目的出现，对以后武术套路技术的发展都有着一定的影响。在总的发展趋势下，有时也有低潮。例如，隋灭陈（589）后，隋文帝就曾下诏"戎旅军器，皆宜停罢……武力之子，俱可学文，人间甲仗，悉皆除毁"，在595

年又下诏收藏天下兵器，并禁止私造。隋文帝亦不提倡民间练武，唯恐民间有兵器对他的统治不利，因此，曾三番五次下诏禁武。

但在边远地区，尚武是无法禁止的。例如，《蛮书》卷七就记有南诏（位于今云南省内）一个奴隶主政权仍然"造剑法：锻生铁，取进汁，如是者数次，烹炼之。剑成即以犀装头，饰以金碧"。浪人诏能铸剑，尤精利，诸部落悉不如，谓之"浪剑"。既有私造武器，则必有民间练武，是禁止不住的。隋末执行繁重的徭役和兵役，人民痛苦不堪，扶老携幼，手执武器，拼出全家性命与统治者搏斗，以求生路，翟让、李密领导的瓦岗军，窦建德领导的河北起义军，杜伏威、辅公祏领导的江淮起义军等，沉重地打击和摧毁了隋朝统治力量，也促进了武艺的发展。

第二节　武举制的出现

隋唐都实行府兵制，士兵主要是来自农民。唐代百姓"二十为兵，六十而免"（见《新唐书·兵志》）。军队再也不是兵农分离的特殊阶级了，多数受剥削、受压迫的农民被迫服役，并苦练武艺，以适应作战需要。唐时实行科举考试制度[①]，并用考试的办法来选拔武勇人才。例如，《事物纪原》卷三载唐《选举志》曰："武举，盖起于武后之时，其始置在长安二年也。"《唐会要》载："长安三年正月十七日诏天下诸州宜教武艺，每年准明经进士贡举例送，此武举之始也。"宋神宗时，还在武成王庙侧建武学。这些制度延续到清代，对武艺发展起了促进作用。

古代对士兵中武艺有一技之长者还要授奖，并授予相应称号。据唐代李筌的《太白阴经·选士》记载，这种称号有"猛毅之士""矫捷之士""伎术之士""疾足之士"。获得称号的都要达到规定标准，如"猛毅之士"要"引五石之弓，矢贯五札，戈矛剑戟便于利用……"翘关也正式被列为考试科目。《册府元龟》载："唐高宗显庆二年，诏有武勇奇才，可精加采访奏闻。"

唐中宗嗣圣十九年（武后长安二年，702），始行武举。武后时，选择武举的内容"有长垛、马射、步射、平射、筒射，又有马枪、翘关、负重、身材之选。翘关，长丈七尺，径三寸半，凡十举后，手持关距，出处无过一尺。负重者，负米五

---

　　① 科举考试制度是我国古代一种影响深远的教育和考试制度，始于隋，延续至清。自唐中叶开始武举与文场同时进行，这是唐代科举的重要发展。

中国武术史

斛，行二十步，皆为中第"（见《新唐书·选举志》）。由于唐代已有了应试标准，倡导练武，这更加促进了群众的练武活动。

第三节　苦练武艺适应阵战的需要

隋时，作战已通行方阵（见《隋书·礼仪志》）。隋文帝曾把方阵战法和军营图样下发到官府，令其教习（见《北史·隋本纪》）。在隋炀帝进攻高丽时，还采纳了周法尚的建议，把二十四军结为方阵，四面外拒，六宫及百官家口居中，与据城无异（见《隋书·周法尚传》）。到了唐代，五行阵或方、圆、曲、直、锐阵形有了发展（见《太平御览》）。方阵中有方、圆、曲、直、锐等变化，有时以方阵为主，偶尔也用竖阵。《卫公兵法》中就载有竖阵之法。《玉海》卷一百四十三载"唐五行阵·六花阵"，但仍不出方阵范围。

配合方阵作战的还有战锋队。战锋队是方阵、竖阵并重的突击队，是机动灵活的前驱队伍，有时出其不意地打败对方几倍甚至10倍于己方的兵力。例如，薛仁贵在安市城战役中，着白衣为先锋，大呼陷阵（见《新唐书·薛仁贵传》）。又如，李靖以3000骑兵击东突厥颉利可汗，袭破定襄，颉利徙牙于碛口；苏定方率200骑兵为前锋，乘雾进袭颉利牙帐获大胜（见《旧唐书·李靖传》卷八十三）。战锋队的突击作用是以阵战为后盾的。

为了适应阵战需要，编队时允许自愿结合为小队或中队。《卫公兵法》载："凡以五十人为队，其队内兵士，须结其心。每三人自相得意者，结为一小队，又合三小队得意者，结为一中队，又合五中队为一队。"在作战时，凡小队失一人或中队失二人，队首就要被斩。在这种严刑之下，无形中产生了一种强制力量以迫使府兵之间互相督促，苦练和交流武艺，以适应阵战需要。

由于兵士有忠君精神，武艺素养较好，打起仗来常可以少胜多。有时在失去武器的情况下，赤手空拳搏斗也奏奇效。例如，《册府元龟》卷三百九十五就记载了隋文帝时代"以拳殴之"的战斗场面："开皇二年，突厥沙钵略可汗并弟叶护及潘那可汗众十余万，寇掠而南，诏以长儒为行军总管，率众二千击之。遇于周槃，众寡不敌，军中大惧，长儒慷慨，神色愈烈。为虏所冲突，散而复聚，且战且行，转斗三日，五兵咸尽，士卒以拳殴之，手皆见骨，杀伤万计，虏气稍夺。"又如，太宗贞观十九年（645），辽东城下，唐兵在处于以一对十的绝对劣势下，果毅都尉马文举得以鼓劲疾趋，以少胜多。关于此事，《资治通鉴》卷一百九十七载："乙亥，高丽步骑四万救辽东，江夏王道宗将四千骑逆击之，军中皆以为众寡悬绝……果毅都尉马文举曰：'不遇劲敌，何以显壮士!'策马趋敌，所向皆靡。"可见，战争促进了军事技术的发展，也促进了武艺的提高。

隋代，步、骑兵的主要兵器是枪，隋代画像砖中生动地表现了持枪、盾的士兵进军的情景（图6-1）。由于枪成了热门兵器，无疑枪术的发展也快起来。《马槊谱》是从南北朝时期流传下来的枪法书，其名载于《隋书·经籍志》，可惜该书早已亡佚。可见，当时对马上用槊技术进行过一番整理加工，无疑这对隋代枪术的发展曾起过作用。

图6-1 隋代画像砖中的进军图

第四节　从选择力士标准看训练

　　唐代选择力士的标准也是较高的。当时，一般力士分等级：头等是力负630斤、行50步，其次是引弓240斤。弩射，如果是臂张弩射，要射及230步，4发4中，如果是单弓弩射，要射及160步，4发4中，才算及格（见《新唐书》卷五十）。另外，行军要骁捷。1954年，从四川成都万佛寺出土的唐代石刻力士残像，可看出是一个健壮有力的典型形象，上体的斜方肌、三角肌、胸大肌、肱二头肌、肱三头肌、前锯肌、腹直肌等有清晰的结实感，显示了当时练武、练功对身体肌肉的作用（图6-2）。

　　为了适应作战需要，还从武艺好的士兵中再挑选骁勇之士。例如，薛楚玉率府兵、地方兵同契丹兵交战时，就按"左持粮，右持械，日越七百里"的条件，从士兵中选优。如果服役后不继续训练，是达不到这种标准的。

第五节　用奖赏及称号鼓励练武

　　中国武艺的内容极为丰富多彩，只要能对攻防技击的技术

图6-2　唐代石刻力士残像

进行苦练，都可掌握武艺中的一技之长。凡有一技之长而被选中的人，当时还能授奖，并给予相应称号。例如，李筌在《太白阴经·选士》中写道："有引五石之弓，矢贯重铠，戈矛剑戟便于利用，陆搏犀兕，水攫鼋鼍，佻身捕虏，搴旗摭鼓者，上赏得而抚之，名曰'猛毅之士'。有立乘奔马，左右超忽，逾越城堡，出入庐舍，而无形迹者，上赏得而聚之，名曰'矫捷之士'。有力负二百二十斤、行五十步者，上赏一百二十斤者，次赏得而聚之，名曰'巨力之士'。天下才士之用，皆尽其才，……摧锋捕虏，守危攻强，使猛毅之士，掩袭侵掠，使矫捷之士，探报计期，使疾足之士，破坚陷刚……此谓任才之道、选才之术也。"总之，凡武艺上确有一技之长的都给予重视。在五代时，已出现了职业教习武艺的人。例如，《太平广记·方士五》载："蜀有王氏子承协，幼承荫，有文武才，性聪明，通于音律。门下常养一术士，潜授战阵之法，人莫知之。术士褴褛弊衣，亦不受承协之资镪。承协后因蜀主讲武于星宿山下，忽于主前呈一铁枪，重三十余斤，请试之。由是介马盘枪，星飞电转。万人观之，咸服其神异。"当时由于武艺受到重视，从而全面促进了武艺中各种技术的发展。

第六节　手搏与角抵

手搏是历代重视的项目，隋唐五代时期也不例外。例如，五代"汉主好搏，弘熙令指挥使陈道庠引力士刘思潮等五人习手搏于晋府。汉主闻而悦之，与诸王宴于长春宫，观手搏，至夕罢宴"（见《通鉴纪事本末·刘氏据广州》卷二十六）。这说明手搏技术在当时深受人们喜爱。但关于手搏技术的具体方法，并没有文字记载。

隋唐五代时期，手搏与角抵发展较快，比赛几乎形成制度，在正月十五及七月中元节之际，多有手搏、角抵比赛。例如，《隋书·柳彧传》载，柳彧曾上疏云："彧见近代以来，都邑百姓每至正月十五日，作角抵之戏，递相夸竞，至于糜费财力，上奏请禁绝之。"这说明民间喜爱这些传统的比赛项目，每年正月十五日上元节为角抵比赛之期，为了在一年一度的较量中获胜，平时就要刻苦锻炼，互相较量水平高低，因而在群众中影响颇大。《隋书》就记载了当时比赛的热闹场面："丁丑，角抵大戏于端门街，天下奇伎异艺毕集，经月而罢。帝数微服往观之。"从这也可看出云集在端门街献各种"天下奇伎"的人，一表演就持续几天，甚至有"经月而罢"的盛况。劳动人民喜爱角抵，唐代不少君主从消遣娱乐出发，也爱好角抵。例如，"光启年中，左神策军，四军军使王卞出镇振武置宴，乐戏。即毕，乃命角抵"（见《玉堂闲话》）。可见，角抵也深受当时的统治者所喜爱。

唐代韦肇在《驾幸春明楼试武艺绝伦赋》"序"中记载了比武的礼仪及实况："于是拜首稽首，足之蹈之。骋伎于非常之日，争锋于拔类之时……左旋右抽，擢两肩于敏手，奋髯增气，示众目以余威……盘过身之矛，所投皆中……是以谐阙者数百计，而升明者才一二焉。"

《角力记》载:"唐宝历中,敬宗御三殿,观两军、教坊、内园分朋驴鞠、角抵。戏酣,有碎首折臂者,一更三点方罢。穆宗即位初年,幸神策军,观角抵及百戏,日宴方罢。续三月一日,幸左右军及御诸门,观角抵、杂戏……文宗开成中寒食节,御勤政楼,观角抵。"可见,统治者把角抵作为消遣娱乐的工具,置角抵者"碎首折臂"于不顾。《新唐书·宦者列传》载:"内籍宣徽院或教坊,然皆出神策隶卒或里间恶少年,帝与狎昵殿中为戏乐。四方闻之,争以矫勇进于帝。尝阅角抵三殿,有碎首断臂,流血廷中。"这一方面反映了竞争的激烈程度,另一方面也反映了角抵时常有伤害事故发生。

有的君主不仅喜好角抵戏成癖,还亲自参加角抵的比赛活动,并事先约定比赛条件,拳击击倒对方才算胜利。《角力记》载:"后唐庄宗性多能,癖好俳优并角抵戏,或云自能此戏。尝诏王门开曰朕与作对,供养太后,又先约之曰:'卿不可多让。'门开退谢者数四。又谓之曰:'卿如一拳致朕倒者与卿节度。'及出手,果一拳下而仆。寻除幽州节度使。"

从以上角抵比赛中,可推测出当时角抵规则的大体情况:一是不按体重分级;二是主要以摔倒、打倒对方分胜负,事先约定也可以击打;三是活动范围较大,没有统一的场地规格及护具的要求;四是犯规的罚则也不明确。

　　　　　　　　　　　中国武术史

当时练角抵的人多会拳术。角抵的技术方法见于文字记载不多。周缄的《角抵赋》载："前冲后敌，无非有力之人，左攫右拿，尽是用拳之辈。"从"左攫右拿"分析，当时角抵是穿着上衣进行的，否则无法用抓拿方法抓牢对方，用力使对方失去重心。

除角抵之外，当时还有相扑。相扑又名角力，从史料看，与角抵有区别。《唐音癸签》载："凡陈诸戏毕，左右军擂大鼓，引壮士裸袒相搏较力，以分胜负。"马端临在《文献通考》中记载唐代角力时写道："壮士裸袒相搏而角胜负。每群戏既毕，左右军擂大鼓而引之。"在唐代佛幡绢画中，有两人上身及下肢裸露相搏而伺机进攻的对峙姿态画（图6-3），还有一幅敦

图6-3　唐代佛幡绢画相搏图

煌藏经洞中唐代的两人上身裸露相抱相角的图像（图6-4）。由于上身裸露，不能用抓袖口和领口的技术来控制对方，因此相扑多以抱摔形式进行。从技巧上讲似不如角抵，但从劲力上要求更高了，有的拳手也轻捷异常。《角力记》载："蒙万赢者，自言京兆鄠县人也……入相扑朋中，年十四五，时辈皆惮其拳手轻捷。及长，擅长多胜，受赐丰厚，'万赢'呼号自此起。"

角抵与相扑有了明显的区分，说明搏法技术有了发展，这与劳动人民的爱好分不开。《隋书·柳彧传》载："窃见京邑，爰及外州。每以正月望夜，充街塞陌，聚戏朋游，鸣鼓聒天，燎炬照地。"可见群众看角抵和角力的景象是异常热闹的。《角力

图6-4 敦煌藏经洞中的相抱相角图

中国武术史

记》也载："募桥市勇壮者，敛钱备酒食，约至上元，会于学社山前平原作场，于时新草如苗……多至日晏，方了一对，相决而去。或赢者社出物赏之，采马拥之而去。观者如堵，巷无居人。从正月上元，至五月方罢。"可见，当时群众多么喜爱角抵和角力。

第七节　剑与刀

一、剑术

隋代再次统一全国后，改变了南北朝时期因战争频繁时而佩剑、时而佩刀的现象。北周武帝时"百官燕会，并带刀升座"（见《隋书·礼仪志》）的情况已经改变。但隋朝舆服制度中保留了剑和玉佩，用真剑，也用象剑，有双佩，也有只佩，按官品各异。《隋书·礼仪志》载："一品，玉具剑，佩山玄玉。二品，金装剑，佩水苍玉。三品及开国子男、五等散品名号侯虽四、五品，并银装剑，佩水苍玉。侍中已下，通直郎已上，陪位则像剑。带真剑者，入宗庙及升殿，若在仗内，皆解剑。一品及散郡公、开国公侯伯，皆双佩。二品、三品及开国子男、五等散品名号侯，皆双佩。绶亦如之。"从佩剑看，已明显分出严格的等级。有的不会剑，为了炫耀等级也要佩剑。佩剑之风非常盛行，对普及剑术也起了一定作用。

武德元年（618），"春，正月，丁未朔，隋恭帝诏唐王剑履上殿，赞拜不名"（见《资治通鉴》卷十三）。《隋书》载："大臣优礼，皆剑履上殿。非侍臣，解之。盖防刃也。近代以来，未详所起。东齐著令，谓为象剑，言象于剑。……至开皇初，因袭旧式，朝服登殿，亦不解焉。"

到了唐代，军事作战的用剑已逐渐被刀所替代，剑在战场上虽用，但已不多见。明茅元仪在《武备志》中写道："唐太宗有剑士千人，今其法不传，断简残编中有歌诀，不详其说。"此书卷八十六有古剑歌诀一首，但查唐代无此记载，不详其据。据唐代军事家李筌的《太白阴经》记载："一人偏将军，勇猛果决，挥戈舞剑，力制百人，轻合好斗者任之。"《册府元龟》卷三百九十六中也记载了庄宗在不满千骑的情况下遭汴人伏兵万余人，把庄宗围了五六层，大将"鲁奇持枪携剑，独卫庄宗，手杀百余人"的事迹。上述史实说明，当时还有用剑作战的战例，但毕竟在战场上用剑作战已明显减少，而逐渐把剑作为一种象征性的武器。

自剑术套路技术迅速发展以后，为了适应套路的演练，"唐剑形制则完全变更，失去周制而独树一型，后人守之，数千百年，无所改变，此可谓剑至唐代即为后世统一模型矣"（见《中

中国武术史

国兵器史稿》)。

剑术作为军事技术逐渐消退，对抗性的斗剑也少了，而作为演练的剑术套路却被人民所掌握而不断发展。

二、刀术

隋唐时代，特别是唐代，刀成了阵战的主要武器，在军队的标准装备中已出现大量佩刀和陌刀。在《唐六典·武库令》中有刀制，无剑制，其中有仪刀、鄣刀、横刀和陌刀。仪刀是木制的象征性武器，逐渐成为仪仗队的装饰品。仪刀，装以金、铜或银，备仪卫之用。步兵的主要武器是横刀和陌刀。李白在《从军行》中写道："从军玉门道，逐虏金微山。笛奏梅花曲，刀开明月环。"这表明刀是士兵作战的主要武器。"横刀，佩刀也，兵士所配，名亦起于隋"，"陌刀，长刀也，步兵所持"（见《唐六典》）。隋末农民大起义中，自称"知世郎"的王薄就使用长槊、横刀等聚众造反。当时的民谣曰："长白山前知世郎，纯著红罗绵背裆。长槊侵天半，轮刀耀日光。上山吃獐鹿，下山吃牛羊。忽闻官军至，提刀向前荡。譬如辽东死，斩头何所伤。"《古今风谣》中这首民谣歌颂了王薄领导的农民起义军抡刀战斗的必胜信念。

唐代，长刀亦名大刀，为勇而多力的人所用。例如，阚稜在武德年间为越州都督，"容貌魁岸，勇而多力。每临阵，手持大刀，长一丈，一举辄毙数人，前无当者"（见《册府元龟》卷三百九十六）。又如，李嗣业初为中郎将，玄宗天宝七年（748）对子仪说："'今日之事若不以身啖寇仇，决战取胜，三军之士无孑遗矣。'言讫，乃仗长刀立于阵前，解衣袒而大呼，手杀数十人……前军之士，皆执长刀如墙而进，所向摧靡。"（见《册府元龟》卷三百九十六）从上述二例可看出大刀在战阵中威力是很大的。但大刀刀法，据明《手臂录》卷三《单刀图说》中所载："唐有陌刀，战阵称猛，其法不传。"大刀中还有一种两刃刀。例如，《新唐书·阚稜传》载："善用两刃刀，其长丈，名曰拍刀。"

第八节　棍、枪、戟等

棍在战场上运用不多，但也有记载。例如，《新唐书·李嗣业传》载："常为先锋，以巨棓笞斗，贼值，类崩溃。"棍与枪均为长兵，击法上有很多相似处，特别是枪把、枪身与棍身的击法，如劈枪、劈棍、劈把、挑把等，尤其相似，可以说棍是长兵的基础。在文字记载的材料中，棍术尽管较枪术为少，但确系当时练武的重要内容。

棍多用枣木制，因枣木坚而硬，适于作棍。《资治通鉴》卷一百七十一载："斑厉声曰：'更得何物?'曰：'得枣杖二十束，拟奴仆与人斗者，不问曲直，即杖之一百。'"

《事物绀珠》载："枪，木杆金头。"枪的木杆不用枣木，而是用白蜡杆。《事物纪原》载："白干枪，《宋朝会要》曰槊也，唐羽林所执，制同槊而铁刃，上缀朱丝拂。"这说明是铁制枪头，白蜡杆枪身，并系有红色枪缨。因枪身采用白蜡杆，故韧性较强，练起来既柔且刚，为发展各种枪法提供了物质条件。例如，各种圈枪、里外缠枪、各种点枪等，只有采用韧性较强的木棍作为枪身，才可能表现出步稳枪颤，发挥各种枪法的特点。枪由于采用了白蜡杆作为枪身，对枪术发展起了一定作用，也是枪术在唐代发展较快的原因之一。

唐代陆龟蒙在《矛俞》中写道："手盘风，头背分。电光战扇，欲刺敲心留半线。缠肩绕脰，襁合眩旋，卓植赴列，夺避中节，前冲函礼穴，上指字彗灭，与君一用来有截。"（见《乐府诗集·舞曲歌辞》）"手盘风"指舞花，"缠肩绕脰"指锁喉穿枪，再从扎"函礼穴"来看，对刺准要求也较高。

当时，战场上用枪战斗已屡见不鲜。例如，《新五代史·周德威传》载："陈章出挑战，兵始交，德威部下见白马朱甲者，因退走，章果奋槊急追之。"又如《册府元龟》载："太宗每当大阵望贼中骁将、锐士炫耀人马、出入来去者，意颇怒之，辄命秦叔宝往取焉。叔宝应命，跃马负枪而进，必刺之万众之中，人马俱倒。"

以使枪著称的还有后梁时的王铁枪。《新五代史·王彦章传》载："彦章为人骁勇有力，能跣足履棘行百步。持一铁枪，骑而驰突，奋疾如飞，而他人莫能举也，军中号王铁枪。"另外，《册府元龟》卷三百九十六中记载王铁枪不仅会单枪，还会双枪："王彦章以骁勇见称，累历刺史，不知书，行师将兵无法术。能先登陷阵，奋不顾身。每入阵，使二铁枪，一横马鞍，一秉在手，酣战挥击，敌人避之。"由于枪术进攻技术的发展，防枪的技术也相应提高了。

唐代，出现了竞技形式的枪术对抗性比赛。《旧唐书》卷六十七载："敬德善解避槊，每单骑入贼阵，贼槊攒刺，终不能伤，又能夺取贼槊，还以刺之。是日，出入重围，往返无碍。齐王元吉亦善马槊，闻而轻之，欲亲自试，命去槊刃，以竿相刺。敬德曰：'纵使加刃，终不能伤。请勿除之，敬德槊谨当却刃。'元吉竟不能中。太宗问曰：'夺槊，避槊，何者难易?'对曰：'夺槊难。'乃命敬德夺元吉槊。元吉执槊跃马，志在刺之，敬德俄顷三夺其槊。"上述的"空手夺槊"已经是脱离战场的竞赛形式了。

除了两人夺槊外，还有多人用竹槊交战以为娱乐。但当时虽有毡甲护体并用竹槊，也仍有死伤。在唐太宗贞观十七年（643），"汉王元昌所为多不法，上数谴责之，由是怨望。太子与之亲善，朝夕同游戏，分左右为二队，太子与元昌各统其一，被毡甲，操竹槊，布阵大呼交战，击刺流血，以为娱乐"（见《资治通鉴》卷一百九十六）。

对抗性的对练要有单练的基础，并能比较接近于比赛实际，特别是能发展勇敢、顽强、机智、敏捷等素质，但往往被统治者利用作为消遣娱乐的手段。从夺槊及用竹槊交战看，去掉枪头或用竹槊，可减少伤害，从体育角度上看，比用真兵器比武前进了一步，但还没有较成熟的规则等，所以仍会产生伤害。

隋唐时代武器"废长兴短"，长兵中的戈与戟较今日的枪与棍长得多。这种过长兵器随着作战方式的改变而逐渐在战场上被淘汰，如戟在唐代就只能是仪仗队的装饰品了。在唐代，战场上尽管还出现过戟（如《旧唐书·薛仁贵传》载："仁贵自恃骁勇，欲立奇功，乃异其服色，著白衣，握戟，腰鞬张弓，大呼先入，所向无前……大军乘之，贼乃大溃。"），但以后战场上就很少见了。当时把列戟作为反映封建等级制度的一个内容，在官吏出行时，用棨戟（木制品）作仪仗，形状也发生了变化，似"Ч"形。自隋唐时起，实行门列棨戟的制度，用以炫耀威势。《唐六典》规定，三品以上大员中，下州以上的衙署才能列戟。戟的多少代表品位高低。《新唐书·百官志》载："凡戟，庙、社宫殿之门二十有四。"在唐懿德太子墓壁画上曾发现有棨戟架。列戟图中，每架列戟12杆，东西两壁合在一起，每副戟为24杆，与皇帝宫殿门口的列戟数目相等（图6-5）。

此外，戟也被百戏吸收，用作表演时的器械。例如，《杜阳

图6-5　唐墓壁画上的棨戟架

杂编》载:"敬宗降诞日,大张音乐,集天下百戏于殿前。时有妓女石火胡,本幽州人也。挈养女五人,才八九岁。于百尺竿上,张弓弦五条,令五女各居一条之上,衣五色衣,执戟执戈,舞破阵乐曲……是时观者,目眩心怯。"

第九节 弓射与弩射

隋唐时期,有关射的技术,传说颇多,这显示了射在武艺中的地位。例如,《太平广记》卷二百二十七载:"隋末有督君谟者。善闭目而射。志其目则中目。志其口则中口。有王灵智者学射于君谟。以为曲尽其妙。欲射杀谟。独擅其美。谟执一短刀,箭来辄截之。惟有一矢,君谟张口承之,遂啮其镝。笑曰:'汝学三年,吾未教汝啮镞之法。'"此书还记载了有关弹丸射的技术:"贞元末,阆州僧灵鉴善弹,常自为弹丸,其弹丸方,用洞庭沙岸下土三斤、炭末三两……九味和捣三千杵,齐丸之,阴干。郑汇为刺史时,有当家名寅,读书善饮酒,汇甚重之。寅常与灵鉴较角放弹。寅指一树节,相去数十步,曰:'中之获五千。'寅自一发而中之,弹丸反射而不破。灵鉴控弦,百发百中,皆节陷而丸碎焉。"从此传说中可见当时弹丸射的情况。

唐代王琚的《射经》中所讲的射的技术，已不同于军事作战技术。《武经总要》载："唐王琚教射二篇，多言射之容止，非战阵所急。"王琚的《射经》讲解了"前后手法""持弓审固""抹羽取箭""当心入筈""铺膊牵弦""钦身开弓""卷弦入弰"等技术细节，并且每个动作都讲了动作过程、方法、要点，并附有口诀。例如，在讲"持弓审固"时写道："左手垂下，微曲大指羁弨，第二、第三指著力把弓箭，余指斜笼下弰，指左脚面，曲右手当心，右臂贴肋，以大指第二、第三指于节上，四指弦曼促弰，前筈与手齐。诀：持弓审固事须知，垛在南时面向西。右手捉弓左当弨，仍令箭筈两相齐。"

根据考证，王琚的《射经》是最早使用口诀来传授武艺的著作，为以后"口传身授"开辟了新路。

弩射技术在唐代也积累了丰富的经验。张弩人、进弩人、发弩人配合默契，并能配合其他兵种作战。

《武经总要》载："唐诸兵家皆谓弩不利于短兵，必以长戟大牌为前列，以御奔突，亦令弩手负刀棒，若贼薄阵，短兵交，则舍弩而用刀棒，与战锋队齐入奋击……"

弩在当时也有了教法歌诀，如"张弩后，丁字立，当弩八字立，高揎手。屆衫襟，左手承撞，右手迎上，当心有张。张有阔狭，左胜右膊，还复当心，安箭高举手，敌远抬头放箭，敌近平身，敌在左右回身，敌在上掣手，敌在下低手。发讫，唱杀却掣，拗蝎尾弩还着地"（见《武经总要》）。

第十节　套路技术

剑术套路技术是紧密围绕攻防格斗技术而发展起来的。这种技击性较强、攻防实用价值较大的套路，有时也以表演形式出现，用来显示功夫深浅。为了加强表演效果，更加引人入胜，也吸收了一些舞蹈及花巧的动作，借以丰富套路的内容，突出演练效果。

唐代，外来舞蹈盛行，被中国吸收后，呈百花齐放之观。武术套路技术在某种程度上也吸收了舞蹈中健舞的姿势、动作，以及手眼身法步等表现形式，与技击特点紧密配合发展，丰富了武术套路的演练技巧。因此，唐代可说是武术套路高度发展的时期。

在宋代周密的《癸辛杂识》中保留的一段舞蹈是唐代流传下来的舞艺的最基本动作，从中可以看出中国古典舞蹈的特有动作，也可帮助我们理解哪些动作至今仍是武术中的主要动作。例如，其中的"五花儿：踢、搕、刺、擸、系、搠、捽"就明显是吸收了武术中的技击方法来丰富舞蹈的内容。同样，武术套路中的结构、布局等也吸收了舞蹈的表现形式等，在表演技巧的步与腰、手与脚的配合上也多有借鉴。例如，"罗衣从风，长袖交横"这种两手交替的云手运动，至今也是武术的重要表现形式。又如，"体如遨龙，袖如素蛇"这种身段与手部动作的结合则被武术吸收后紧密结合技击的用力来表现身法。

武术套路与舞蹈不能混同，因为武术套路的技击攻防特点有别于舞蹈表现思想感情，两者有本质的区别。但两者互相借鉴其形体动作和节奏等，也是为了更好表现各自的特点。套路紧密围绕攻防格斗作为练习的辅助手段而独立发展着。从击技或军事观点来看，尽管被认为是"花拳绣腿"，但因为有娱乐观赏性而能够为群众所接受、为健身所利用，所以套路逐渐脱离军事训练的体系而发展。

击剑任侠是唐代的一种社会时尚。剑术是武艺中颇有代表性的项目之一，也是套路技术发展较快的项目。《太平御览》卷五有"公孙大娘善舞剑"的记载。杜甫在《观公孙大娘弟子舞剑器行》"序"中说，大历二年（767），他在夔府别驾元持宅看到公孙大娘的徒弟李十二娘舞剑器相当精彩。当他得知她是公孙大娘的学生之后，便回忆起52年前（即开元三年）他看到公孙大娘舞剑的惊心动魄的情景，抚今追昔，感慨万端，遂写下了《观公孙大娘弟子舞剑器行》这一著名诗篇，成了研究唐代武术套路技术的重要史料。

《观公孙大娘弟子舞剑器行》曰:"昔有佳人公孙氏,一舞剑器动四方。观者如山色沮丧,天地为之久低昂。燿如羿射九日落,矫如群帝骖龙翔。来如雷霆收震怒,罢如江海凝清光……"这首诗描写公孙大娘的剑术套路的表演名震四方,人人争看,舞起剑来光芒四射,犹如后羿射落了9个太阳。只有做好连续、快速的撩、挂、云等剑法及腕花等动作,才有可能达到这种效果。诗中说那矫健的舞姿,像群仙乘龙飞翔;随着隆隆的鼓声,那奔放、急速的连续舞动如电袭来。这说明手眼身法步达到了高度协调。那稳健、沉毅的静止姿态,如江海凝聚着清光。这是由快速运动中突然静止,形成平衡动作或静止的定势而造成的气氛,使观众为之色变,天地似乎久久旋转,低昂不能。这种气势磅礴、动人心魄的表演,若没有很好掌握套路的节奏规律及做动作时的神态,是不可能展现的。为了表现这种节奏,没有多变的剑法也是不能想象的。这种具有强大感染力的剑术表演,说明套路技术已经发展到新阶段。

据说书法家张旭看了公孙大娘舞剑器后,草书大为进步。《唐书·李白传》载:"文宗时,诏以白歌诗、裴旻剑舞、张旭草书为三绝。"张旭自言,他观公孙大娘舞剑器"得其神"。

公孙大娘舞剑时,穿军装的唐代人司空图看后在《剑器》

诗中写道："楼下公孙昔擅场，空教女子爱军装。"可见，公孙大娘是穿着军装舞剑器的。剑器意指剑具，不能把剑器解释成彩帛之类的东西。元人马祖常在《壮游八十韵》诗中写道："十五读古文，二十舞剑器。"这讲的也就是既文又武。因此，公孙大娘与十二娘练的都是剑术，而绝非舞蹈。在唐代著名歌舞家名单中就没有公孙大娘及李十二娘，也说明舞剑器就是舞剑。

剑术在战场上逐渐消失，但在民间却得到发展。这说明除击法外，健身、艺术给了剑术以生命力。例如，吕岩在《得火龙真人剑法》中曰："昔年曾遇火龙君，一剑相传伴此身。"（见《全唐诗》卷八百六十五）李白、杜甫在青少年时代也都学过剑术。李白诗中有"顾余不及仕，学剑来山东"，"起舞拂长剑，四座皆扬眉"，可见他舞剑技术之精。著名剑术高手裴旻的舞剑在当时与李白的诗歌、张旭的草书齐名，并称为"三绝"。裴旻不仅能舞单剑，也是舞双剑的能手。例如，唐代诗人苏涣描绘舞双剑时曰："忽如裴旻舞双剑，七星错落缠蛟龙。"

由于剑术深受人民喜爱，当时以剑为题材的诗文很多，如刘长川、李峤的《宝剑篇》、李白的《古风》、韦应物的《古剑行》、郭震的《古剑篇》、贾岛的《剑客》、韩愈的《利剑》、裴夷直的《观淬龙泉剑》等。

舞剑在唐代已成为一项别致的运动，运动场地较大，并设有舞剑台。《鸿雪因缘图记》载："舞剑台在万松寺西峰顶广四丈，为唐李卫公舞剑处。"据明戚继光在五台之中西台摩崖刻的一首诗来推断，李靖年迈时舞剑主要是为了健身。该诗曰："霜角一声草木哀，云头对起石门开。朔风边酒不成醉，落叶归鸦无数来。但使雕戈销杀气，未妨白发老边才。勒名峰上吾谁与，故李将军舞剑台。"舞剑台下为浮青岭，岭下即著名的卫公庵。

第十一节　气功、硬功、轻功

唐时已有气功、硬功、轻功的记载。《角力记》载："会昌中，左军壮士管万敌，富有膂力，扛鼎挟辀，众相推服。一日，与侪辈会于东市酒肆，忽有麻衣张盖者直入其座，引觞而饮，旁若无人。万敌振腕瞋目，略无所惮，同席恃勇之辈共为推挽，竟不微动，而观者渐众。乃言曰：'某与管供奉较力，以定强弱。请供奉拳，某三拳后乞搭供奉一搭。'遂袒膊抱搂柱而立。万敌怒其轻己，欲令殒于手下，尽力拳之如扣木石，观者咸见楼柱与屋宇俱震，其人略不微动，既而笑曰：'到某搭供奉矣。'于是奋臂而起，掌大如箕，高及丈余，屹屹而下。前后有力之辈方甚恐慄，知非常人。众拥万敌谢而去之。俄失所在，万敌寝瘵月余，力遂消减。"上述强中还有强中手的故事，文字或虽有夸张，但有时间、地点、过程，确是研究气功、硬功的很好资料。

《朝野佥载》载："唐柴驸马绍之弟有材力，轻矫迅捷，踊身而上挺，然若飞十数步乃止，尝著吉莫靴上砖城，直至女墙，手无扳引。又以足指缘佛殿柱至檐头，捻掾覆上，越百尺楼阁，了无障碍。文武圣睿皇帝奇之，曰：'此人不可以处京邑。'出为外官，时人号为壁飞。"这种壁飞的轻功和李筌在《太白阴经·选士》中所载"逾越城堡，出入庐舍，而无形迹者……名曰'矫捷之士'"相印证，说明飞檐走壁的人可能确实存在。

《太平广记》卷一百九十四载，唐建中初期"飞飞年才十六七……堂中四隅，明灯而已。飞飞当堂执一短鞭，韦引弹，意必中。丸已敲落，不觉跃在梁上，循壁虚蹑，捷若猱玃，弹丸尽，不复中。韦乃运剑逐之，飞飞倏忽逗闪，去韦身不尺。韦断其鞭数节，竟不能伤"。飞飞跃在梁上，"循壁虚蹑，捷若猱玃"也是轻功，说明唐时武艺着重从功力上发展了。

此外，还有力托重物及力能卷铁、舒钩等功夫相继出现，通过这些表演来显示功夫。例如，《山堂肆考》载："代宗时，有梁义者，力能卷铁舒钩。"这和现代的力卷铁条相似。又如，《歙州图经》还记载了力托重物的表演："身负一石碾，置二丈方木于碾上，木上又置一床，床上坐龟兹乐人，一部奏曲终而下，无压重之色。"

以上这些项目不少是为了适应表演的需要而逐步发展起来的。但也要看到，唐时由于佛教盛行，掺进了不少迷信玄学的东西，有不少是为了夸耀武功借以骗人，有的借以宣扬迷信，江湖术士借以行骗生财，绳伎、杂要借以糊口谋生，真真假假，一时难分。例如，《角力记》载："谢建者，扬州人也。身长八尺余，胸臁博三尺，绝有力，少有对敌，惟李长子相次耳。性略知书，多口述词章，粗有可观。酷于南宋禅学用心，闻归长老精玄学，遂往宗教寺问之，不觉坐折寺碑中断。"可见，寺碑中断归因于"精玄学"的一种"神力"，并用身长八尺余、胸臁博三尺、绝有力的谢建作为陪衬。当时把类似这种活动都称为"邪术"。《资治通鉴》卷一百九十五载："有僧自西域来，善咒术，能令人立死，复咒之使苏。上择飞骑中壮者试之，皆如其言，以告奕。奕曰：'此邪术也。臣闻邪不干正，请使咒臣，必不能行。'上命僧咒奕，奕初无所觉，须臾，僧忽僵仆，若为物所击，遂不复苏。"这件事发生在唐太宗贞观十三年（639），其所以邪术失灵，"僧忽僵仆"，很可能是僧装死，借以脱身。这些早在唐代即已被戳穿的邪术，以后还有流传，恶果非小。

第三篇　宋元明清时期

第七章　两宋时期的武术

第一节　尚武的社会风气促进了武艺的发展

两宋即北宋、南宋的合称，先后共319年。

两宋时期，内受封建军阀统治，外受强敌契丹、西夏和女真的侵扰，战乱频繁，尚武的社会风气促进了武艺的发展。《梦粱录》卷三载，每年春秋二季"禁中教场，呈试武艺，飞枪斫柳，走马舞刀，百艺俱呈"。开国皇帝宋太祖赵匡胤身体力行，有一身好武艺，后人托名"宋太祖有三十二势长拳"（见戚继光:《纪效新书·拳经捷要》）。

宋代仍把武举作为取士之法，考试项目都有明确规定。武学是官员子弟学习武艺之所。宋神宗时，在武成王庙侧建武学，由知兵法、精武艺之人充当教师，学习三年，每年春秋各考核一次，优者为上舍生，次为内舍生，最次为外舍生。

民间练武也非常兴旺，出现不少民间武术家，如方腊起义军的传奇人物方百花、号称"李铁枪"的李全以及手持丈八铁枪的岳飞等。

第二节　宋代较系统地总结了阵战经验

从宋代《武经总要》这一军事著作中可看出宋王朝对军事技术的重视。该书成书于1044年，是北宋封建王朝用国家力量来编辑的，它对于军事组织、军事制度、步骑教练、行军、营战、战略战术、武器的制造与使用以及军事地理（边防地理）等都有所论述。另外，还辑录有宋以前的用兵战例等。当然，其中也有涉及迷信的"兵阴阳"等，但总的来说，这部书在当时曾起到了推进军事教育和加强国防力量的作用（图7-1）。

宋代还出版了号称"兵经"的所谓"七书"，即《孙子兵法》《吴子兵法》《司马法》《尉缭子》《李卫公问对》《三略》《六韬》七部古兵书。这些都说明了宋代对军事是颇为重视的。

此外，宋人还总结了各种阵法的作战经验。例如，《梦溪笔谈》载："熙宁中，使六宅使郭固等讨论九军阵法，著之为书。"由于认真总结了过去阵战时的经验，使九军既是整体，又各自

中国武术史

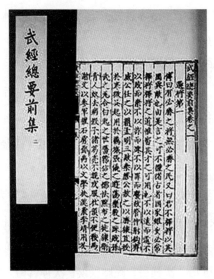

图7-1 《武经总要前集》

为阵①，行则为阵，住则为营，营阵之外，还有警戒部队围绕。经过改进后的九军，虽分列左右前后，但各占地利，以驻队外向自绕，即使跨越涧溪密林，也不妨碍各自成营。这种比过去灵活的编队，打起仗来收、散、离、合，始终保持一个整体而不乱。9个军的分阵，合起来就是一个大的营阵，中间分出4条道路，好像"井"字形状。上述九军阵法比过去阵法有了进步，

———————

① 宋代兵制以左、右虞候各一军，左、右厢各两军，中、前、后各一军，合为九军。

对武艺要求也高了，因为过去密集队列只适合集体冲杀，兵器不能充分发挥作用。

"若夫乘三农之隙，习六师之容"，意即每年在农隙进行阵法演习。在阵法演习时，"少者在前，长者在后。其还，则反之。长者持弓矢，短者持戈矛，力者持旌，勇者持钲鼓，刀盾为前行，持稍者次之，弓箭者为后"（见《武经总要前集》卷二）。

自北宋至南宋，一切战争多用刀、矛、弓、矢为主要武器。例如，《建炎以来系年要录》卷一百四十一载："绍兴十一年八月，吴璘阅兵河池，以新战阵之法，每战，以长枪居前，坐不得起；次最强弓，次强弓，跪膝以俟；次神臂弓。约敌相搏至百步内，则神臂先发；七十步，强弓并发；次阵如之。"这说明至南宋时，作战仍以弓矢强弩为主。又如，该书卷六十六载："绍兴三年六月甲午，知岳州范寅敷遭内艰以策干湖南安抚使折彦质，其议兵器云，胜敌之具，弓矢为上，钩枪次之，手刀又次之。"

在马步军配合作战演习中，也进行阵战和武艺的训练。《武林旧事》载："马步军整队成屯，以备教战，连三鼓，马军上马，步军起旗枪，分东西为应敌之势。举白旗教方阵，黄旗变圆阵，皂旗变曲阵，青旗变直阵，绯旗变锐阵，绯心皂旗作长蛇阵，绯心白旗作伏虎阵。殿帅奏：取圣旨。两阵各遣勇将挑战，变八圆阵，叠鼓举旗，左马军战右步军，右马军战左步军。再叠鼓交旗，击刺混战。三叠金，分阵，大势，马军四面大战。三叠金，分阵。殿帅奏：教阵讫。取旨。人马排列，当头鸣角，簇队以俟放教。诸军呈大刀车炮烟枪诸色武艺。"

第三节　打擂比武的标准与选锋

为了提高军队战斗力，宋代对比武选锋也非常重视。比武的内容也是使用战场上常用的武器，有弓矢、刀枪等。通过比试，分出上、中、下的等级，军队有统一的训练要求，即"教法格"，并配有图像口诀。"教法格"规定"步射执弓、发矢、运手、举足、移步，及马射、马使蕃枪、马上野战格斗，步用标排，皆有法象，凡千余言，使军士诵习焉"（见《宋史·兵志》卷一百九十五）。

宋代建立初期，宋太祖在建隆三年（962）十一月就讲武于近郊。"其法刻木为箭镞，裹以毡罽，命强者两两相对，避即捶之，取其不避者。又以木梃为马挝、施韦鞘，俾驰骑相击，取其优胜者。"（见《文献通考》）北宋庆历六年（1046），"以春秋大教弓射一石四斗、弩弳三石八斗、枪刀手胜三人者，立为武艺出众格"（见《宋史》卷一百九十五）。

　　除了两两相对的比武外，还要测力气、分等级。北宋熙宁元年（1068）十月，就诏颁了"河北诸军教阅法。凡弓分三等，九斗为第一，八斗为第二，七斗为第三"（见《茶香室丛钞》卷六）。熙宁九年（1076）正月，"诏义勇、保甲所习事艺以十分为率，弓不得过二分，枪刀共不得过二分，余并习弓弩"（见《宋史·兵志》）。北宋元丰元年（1078）十月"在京校试诸军技艺格，第为上、中、下三等。步射，六发而三中为一等，二中为二等，一中为三等。马射，五发骤马直射三矢、背射二矢，中数等如步射法……枪刀并标排手角胜负，计所胜第赏"（见《宋史》卷一百九十五）。射时不仅要准，也要限定各种姿势，使之能广泛适应作战的需要。南宋高宗建炎元年（1127）"始颁枢密院教阅法[①]，专习制御摧锋破敌之艺、全副执带出入、短桩神臂弓、长柄刀、马射穿甲、木梃。每岁拟春秋教阅法，立新格。神臂弓日给箭二十，射亲去垛百二十步。刀长丈二尺以上，毡皮裹之，引斗五十二次，不令刀头至地"（见《宋史·兵志》）。绍熙时，为了"专以武艺精熟为尚"，

---

　　①《东京梦华录注》载："按枢密院在阙门之西南，中书省之北，称西府焉，与中书省对持文武二柄，号为二府。东府掌文事，参政佐之。西府掌武事，副使佐之。"

于"二年，枢密院言：殿步司诸军弓箭手，带甲六十步射，一石二斗力，箭十二，六箭中垛为本等。弩手，带甲百步射，四石力，箭十二，五箭中垛为本等。枪手，驻足举手撺刺，以四十撺为本等"。从以上规定的内容和标准也可推测出当时武艺的水平。

第四节　民间的练武活动

古代的士兵主要来自农民，农民平时务农，农闲时练武，因而民间的武艺广泛流传和发展着。例如，《宋史·兵志》卷六载："兵出民间，虽云古法，然古者八百家才出甲士三人、步卒七十二人，闲民甚多，三时务农，一时讲武，不妨稼穑。"边远地区的人民，练武之风更盛，一般自幼开始练武，练武内容除骑射外，也练习各种兵器的击刺方法。《宋史·兵志》卷四载："彼远方之民，以骑射为业，以攻战为俗，自幼及长，更无他务。中国之民，大半服田力穑，虽复授以兵械，教之击刺，在教场之中坐作进退，有似严整，若必使之与敌人相遇，填然鼓之，鸣镝始交，其奔北溃败可以前料，决无疑也……武艺成就之人，所在蜂起以应之。"《宋史·纪事本末》载："荆楚奇才剑客，自昔称雄，徐行召募，以实军籍。民俗剽悍，听于农隙时讲武艺。"

由于广大农村练武长年不衰，遂成了招募武勇的雄厚基地。《宋史》载，钦宗靖康元年（1126）十月枢密院奏，"召募有材武勇锐及胆勇人并射猎射生户"，"福建路有忠义武勇立功自效取仕之人，理宜召募，除保甲正兵外，弓手、百姓、僧行、有罪军人并听应募。如有武艺高强、实有胆勇、众所推服、愿应募为部领人者，依逐项名目权摄部领，各以募人数借补官资"。

《三朝北盟会编》载，靖康元年（1126）五月二十五日诏求武艺知兵人，"诏诸路军州府监：有习武艺、知兵书人，仰知通，不限数……在京武学生，仰礼部择日考试"。《武经总要》载："巧思出入，能灿金刿木为器械者，可使佐攻；材力矫健，能猿腾鹘击、逾沟越垒、来往无迹者，可使密觇。"

第五节　练武组织"社"的出现

统治阶级把武术当作统治人民、维护其统治的手段，而人民则把武术作为防身抗暴、防止外族侵略的工具。因此，民间练武活动如雨后春笋般发展扩大，特别是"社"的出现，大大促进了武艺交流，使武艺在民间扎了根。

"社"是民间自愿结合的武术组织。这种组织对农民来说，除了练武之外，还有互相帮助以反抗地主、官僚欺压的性质。"社"有共同遵守的社约，社头由武艺高强的人担任，负责传授拳术及各种器械知识。据记载，"自澶渊讲和以来①，百姓自相团结为弓箭社，不论家业高下，户出一人。又自相推择家资、武艺众所服者为社头、社副、录事，谓之头目。带弓而锄，佩剑而樵，出入山坂，饮食长技与敌国同。私立赏罚，严于官府"（见《宋史·兵志》）。此时，弓箭社发展至580多家，宣和七年（1125）弓箭手达24万多人，成了防金侵扰的强大力量。

见于记载的还有习射弩的"锦标社"、习使枪弄棒的"英略社"、习相扑的"角抵社"等。

由于"社"的出现，广大农民组织起来，坚决打击了契丹和女真族的侵略，使侵略者"不畏官兵，畏士兵"（见《宋会要·乡兵力》）。

由于"社"的出现，有了专门的练武组织，为习武者提供了彼此切磋技艺的场所，为武术的交流、传授、发展创造了有

---

① 1004年，辽圣宗与萧太后调动20万大军大举南下，虽沿途遇到宋军的激烈抵抗，但辽军绕过宋军深入靠近黄河的澶州（今河南濮阳），正面威胁汴京。寇准主战促使宋真宗勉强到澶州鼓气，战胜了辽军。宋真宗主张议和，遂于1005年1月（景德元年十二月）同辽达成和议，史称"澶渊之盟"。

利的条件。不少群众自愿结社，因陋就简地"自置裹头无刃枪、竹标排、木弓刀、蒿矢等习武技"（见《宋史》卷一百九十一），使武艺有了更广泛的群众基础。

第六节　商业繁荣促进了艺人练武

在城市中，由于商品增多，更加繁荣。北宋的京城汴梁（今河南开封市）和南宋的京城临安（今浙江杭州），都是工商业荟萃的大城市。北宋汴梁成了贸易中心，店铺有6400多家，著名的北宋绘画《清明上河图》就生动地描绘了开封汴河两岸铺店林立、市民熙熙攘攘的热闹场面。汴梁有一处买卖金银彩帛的商业区，"每一交易，动即千万，骇人闻见"（见孟元老：《东京梦华录》）。南宋的商品经济比北宋有更大发展。临安城29个经营项目不同的商业区中行市繁多，店铺林立，茶楼酒肆遍及各处。"买卖昼夜不绝，夜交三四鼓，游人始稀。"（见吴自牧：《梦粱录》）

城市人口伴随商业兴盛而空前增长。汴梁的住户曾多达26万之多。临安更多，达39万户。城市居民除商人、小贩、手工业者外，还有"诸色艺人"依靠献技、献艺维持生活。这些流落城市的民间艺人，当时被叫作路岐人。他们没有专门的表演场地，而是借地摆场，或用有图纹装饰的栏杆围成表演场地，称为勾栏。据记载，有13座勾栏终日不闲，围得水泄不通。此外，"执政府墙下空地。旧名南仓前，诸色路岐人在此。作场尤为骈阗"（见《都城纪胜·井市》）。不少民间武艺出众的人依靠卖艺为生。南宋卖艺团体多达100余个。从《武林旧事》《西湖老人繁胜录》《梦粱录》诸书看，表演的武艺有角抵、使拳、踢腿、使棒、弄棍、舞刀枪、舞剑以及举重、打弹、射弩等。以卖艺为生的职业女艺人，被称为女飐。南宋时较著名的"诸色艺人"，据《武林旧事》卷六记载就有下列人等。

角抵

王侥大	张关索	撞倒山	刘子路	卢大郎	铁板沓
赛先生	金重旺	赛板沓	曹铁凛	赛绕大	赛关索
周黑大	张侥大	刘春哥	曹铁拳	王急快	严关索
韩铜柱	韩铁僧	王赛哥	一拔条	温州子	韩归僧
黑八郎	郑排	昌化子	小住哥（陈刻佳哥）		
周僧儿	广大头	金寿哥	严铁条	武当山	盖来往
（陈刻盖作孟）		董急快	董侥大	周板香	郑三住
周重旺	小关索	小黑大	阮舍哥	傅卖鲜	郑白大

乔相扑

元鱼头　　鹤儿头　　鸳鸯头　　一条黑　　一条白　　斗门乔
白玉贵　　何白鱼　　夜明珠

女飐

韩春春　　绣勒帛　　锦勒帛　　赛貌多　　僥六娘　　后辈僥
女急快

使棒

朱来儿　　乔使棒高三官人　　　打硬（陈刻佚此门）

举重

天武张（击石球）　　花马儿（掇石墩）　　郭　介　　端　亲
王尹生　　陆　寿

打弹

俞麻线　　杨　宝　　姚　四　　白肠吴四　　　蛮　王
林四九娘（女流）

射弩

周　长（造弩）　　　康　沈（造箭）　　　杏　大　　林四九娘
黄一秀

以上记载的"诸色艺人"只是当时在城市中较著名的艺人。

第七节 对抗性的角抵、手搏

一、角抵

角抵在宋时也叫相扑，是以摔为主的项目。在北宋汴京，一般平民游乐的瓦子①，均有成人及小儿相扑表演。每年六月六日，汴京万胜门外演出的技艺中有相扑及乔相扑。每年十月十日天宁节，皇帝大宴，官军表演"左右军相扑"，南宋继之，从御前左右选出120名膂力过人者，组成相扑营，又称内等子，专供宫廷庙会、节日表演。

相扑手们每年都要参加比赛。当时在护国寺南高峰，各道郡膂力高强者都来露台争交。比赛时筑台，唤作露台。上台比赛，唤作露台争交。由部署充当裁判。裁判手持藤棒先念上一段开场白："依古礼斗智相搏，习老郎捕腿拿腰。赛尧年风调雨顺，许人人赌赛争交。"然后扯开藤棒，比赛开始，规定三回合。比赛中不准"揪住短儿""拽起裤儿"，可以"拽直拳，使横拳""使脚剪"，拳打脚踢都行。比赛设有奖品，优胜者可得

---

① 瓦子，即瓦舍。吴自牧的《梦粱录》载："瓦舍者，谓其'来时瓦舍，出时瓦解'之义，易聚易散也。"可见，瓦子是一种大型固定游艺场所，在北宋极为盛行，汴京城内多达50多座。

旗、帐、银杯、彩缎、锦袄、马匹等。

当时，临安名手有周急快、董急快、王急快、赛关索、赤毛朱超、周忙懂、郑伯大铁、稍公韩通住、杨长脚等。宋周密在《武林旧事》卷六亦记载有张关索、赛关索、严关索、小关索等人，其中女手以赛关索、嚣三娘、黑四姐等人为最，并经常公开比赛，而且得到奖品。这在《武林旧事》、《梦粱录》、《说郛》卷二十等均有记载。

《说郛》载："角抵者，相扑之异名也，又谓之争交……四孟车驾亲飨，驾前有顶帽，鬓发蓬松，握拳左右行者是也。遇圣节御宴大朝会，用左右军相扑，即此内等手承应。但内等子设额一百二十名，内有管押人员十将各二名，上中等各五对，下对八对，剑棒手五对，余皆额里额外，准备祗应。三年一次。"

又如，宋代著名诗人杨万里在诗中对其盛况做了描述："广场妙戏斗程材，未得天颜一笑开。角抵罢时还罢宴，卷班出殿戴花回。"此外，民间还流传许多谚语，如"羞不出，相扑人面肿。不相称，瘦人相扑。凡恶，好看相扑。说不得，善相扑偶输。怕不得，相扑汉拳踢"（见《说郛》）。

从以上诗歌、民谚中，可看出人们对角抵十分关心，得胜时还要戴花受奖；也可看出当时角抵规则的轮廓，如比赛时有裁判，男女各分组，但不按体重分级，允许拳打脚踢，不准"揪住短儿""拽起裤儿"，先倒地为败等。

二、手搏

手搏是徒手较量胜负的攻防技法的运用。宋调露子解释曰："上古之人淳素，以食饱饮足，或以前肱为格击，手赤未（来）取胜负。"由此可见，当时已把这种分胜负的较量武艺高低与军事作战技术区别开来，强身健体成了一种目的。

手搏的规则没有明文记载。从一些史料看，规则比较灵活，有时简单规定几条，分出高下就了事。司马光在《涑水记闻》卷三中写道："王嗣宗，汾州人，太祖时，举进士，与赵昌言争状元于殿前，太祖乃命二人手搏，约胜者与之。昌言发秃，嗣宗殴其幞头①坠地，趣前谢曰：'臣胜之。'上大笑，即以嗣宗为状元，昌言次之。"

手搏引人入胜，手搏相较时，观众甚多，说明手搏确是当时群众喜闻乐见的项目。在渑池县旁山上有座山庙，一个叫世衡、字仲平的县官，了解到修理庙宇，其梁甚大，众不能举，于是"世衡下令校手搏，倾城人随往观之。世衡谓观者曰：'汝

---

① 幞头一谓之四脚，乃四带也。二带系脑后垂之，折带反系头上令曲折附顶，故也谓之折上巾。

曹先为我致庙梁，然后观手搏。'众欣然下山，共举之，须臾而上"（见《涑水记闻》）。

宋代调露子写的《角力记》是较早记载角抵、手搏的武术专著，从理论、技术、历史演化及当时技术概貌方面进行了总结，成了珍贵的武术资料。

第八节　套路技术的新发展及单练、对练、集体表演

宋时，由于表演及训练需要，套路技术发展甚快。"宋太祖三十二势长拳"系后世托名创于此时。《虔州刘法定》载，太平兴国农民"刘法定房眷兄弟，八人皆有身手"。当时也有了以表演套路为职业的女艺人，称为女飐。她们往往把对打套子安排在摔跤之前，作为吸引人的开场表演项目。据《梦粱录》卷廿载："瓦市相扑者，乃路岐人聚集一等伴侣，以图摽手之资。先以女飐数对打套子，令人观睹，然后以膂力者争交。"可见，当时套路表演已成为专门技艺，或单练或对练均成套，有路数。

除了专门靠卖艺为生的路岐人之外，还有以行医为生的卖艺人。他们为了招揽顾客，在卖药前也练些武艺。《太平广记》卷八十五载："见市内有一人弄刀枪卖药，遂唤问此人。云：'只卖药元，不弄刀枪。'"很明显，以练武为生的职业艺

人是以表演套路形式出现的。这种为适应表演而出现的套路，已不同于军事实用套路，因为从表演角度发展起来的套路要配合默契，在身法、花法、劲力、节奏、套路布局等方面发展较快。由于表演需要吸引人，武艺中的套路技术更加丰富了花法。

宋代套路技术已经发展到较完善阶段，每练一套，有起势，也有收势，而且起势与收势往往和当时的礼仪有联系。宋时，以手势表示敬礼，这种礼俗也叫哑揖。《事林广记》卷九载："凡叉手之法，以左手紧把右手拇指，其左手小指则向右手腕，右手四指皆直，以左手大指向上。如以右手掩其胸，收不可太着胸，须令稍去二三寸，方为叉手法也。"（图7-2）练拳前后做此势，以表示礼仪，然后再开始做动作。后来，手的动作略有改变，作为门派的标记。

图7-2 叉手图（原载《事林广记》）

宋代把拳术套路称为使拳（见《都城纪胜》），把棍术套路称为使棒（见《武林旧事》）。此外，把对练称为打套子，有枪对牌、剑对牌等。《东京梦华录》卷四载："内两人出阵对舞，如击刺之状，一人作奋击之势，一人作僵仆。出场凡五七对，或以枪对牌、剑对牌之类。"可见，对练的内容相当丰富多彩，表演的技艺也惊险逼真。

此外还有化装的多人对练。《东京梦华录》卷七载："七人皆披发文身，着青纱短后之衣。……内一人金花小帽，执白旗，余皆头巾，执真刀，互相格斗击刺，作破面剖心之势，谓之'七圣刀'。"

除对练套路外，宋代还有集体武术套路表演。表演时，引百余人，"各执木棹（注：棹应作掉）刀一口，成行列。击锣者指呼，各拜舞，起居毕，喝喊变阵子数次，成一字阵，两两出阵，格斗作夺刀击刺之态百端。讫，一人弃刀在地，就地掷身，背着地，有声，谓之'板落'。如是数十对"（见《东京梦华录》卷七）。从以上记载可看出当时套路的结构、布局以及演练技巧的互相配合等方面的概况。

在武术套路表演中，有时也穿插进行武舞的表演。武舞表演者一手执短槊，一手执小牌，比文舞加数人，击铜铙响环，又击如铜灶突者。又两人共携一铜瓮就地击者。舞者如击刺、

　　　　　　　　　　　中国武术史

如乘云、如分手。可见，武舞与武术套路已有明显区别。

南宋的卖艺团体多表演徒手的或器械的套路，但在大都也常有露天比武，就是打擂，在乡村也有临时搭的"野场"作为表演武术的场地。

南宋临安的一切技艺多来自北宋汴梁。民间各色艺人都随当时的时势南迁，武艺南北相沿，相传甚广。

第九节　武艺向多样化发展

一、剑

宋代始有十八般武艺的说法，南宋华岳编的一部兵书《翠微北征录》卷七载："臣尝闻军器三十有六，而弓为称首。武艺一十有八，而弓为第一。"华岳曾中过武状元，他的书中有称"臣尝闻"十八般武艺的说法比他的成书时间（嘉定元年，1208）还要早。

剑在宋代仍有制造。《太平寰宇记》载："龙泉水烈士传曰，西平县有龙泉水，可以淬刀剑。"

宋时，剑更锋利。《梦溪笔谈》卷二十一载："钱塘有闻人绍者，尝宝一剑，以十大钉陷柱中，挥剑一削，十钉皆截，隐如秤衡，而剑猎无纤迹。用力屈之如钩，纵之铿然有声，复直关中仲谔亦畜一剑,可以屈置盒中,纵之复直。"但在阵战中,已不用剑。宋史称关西逸人吕洞宾有剑术,百余岁而童颜,步履轻疾,说明宋时练剑更用作强身。

至于作为军事训练的武艺,见于记载的仅有辽圣宗统和十四年(996)十月"命令刘遂教南京神武军士剑法"和兴宗重熙十四年"十二月癸丑,观汉军习炮射,击刺"(见《钦定续文献通考》卷一百二十九)。由于阵战时,剑已近绝迹,练剑之人也相应减少。北宋咸平五年(1002),代州有个进士李光辅善于击剑,到京中想凭着这种本领得个官位。由于剑在阵战中已消失,劳动人民善剑防身对统治阶级不利,因此宋帝赵恒(宋真宗)害怕人民练武,对善于击剑的进士李光辅并不欢迎。他说:"若奖用之,民悉好剑矣。"(见《续资治通鉴》)结果,李光辅被遣送还乡。

尽管官方不提倡用剑,剑仍为群众所珍藏、所舞练。《宋史·列传》就记载了这样一件事:在宝元、康定间,"珍好驰马试剑,尝与叔父出塞游猎,猝遇夏人,陷其围中。驰击大呼,众披靡,得出,顾叔不至,复持短兵还决斗,遂俱脱。秦凤都钤辖刘温润奇其材,一日,出宝剑令曰:'能射一钱于百步外者,与之。'诸少年百发不能中,珍后至,一矢破之"。这说明剑仍是群众喜爱的珍品(图7-3)。

中国武术史

二、刀

宋时，刀的形制有了进一步改进，刀术发展较快。从《武经总要》所载手刀的刀形看（图7-4），已由狭直的长条形方刀头改为前锐后斜的形状，有护手，并且去掉了过去扁圆的大环和鸟兽饰物。刀柄的改变更便于发挥手腕动作，使之更能灵活翻转，不仅便于攻防，也为发展套路中的各种花法（如提撩花、背花、面花、摇

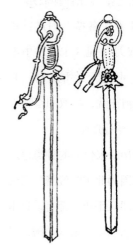

图7-3 《武经总要》剑图

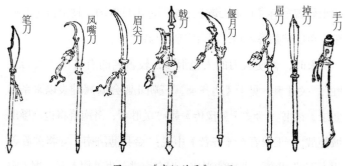

图7-4 《武经总要》刀图

（笔刀　凤嘴刀　眉尖刀　戟刀　偃月刀　屈刀　掉刀　手刀）

花等动作）提供了可能性。刀尖及刀刃的变化，促进了刺、扎、挑、点、崩等刀法的发展。这些刀法动作小，攻击性却很强。

这种手刀不仅可单手使用，也便于双手各持一刀进行舞练。民间武术家"李全的妻子也善用双刀"（见《宋人轶事汇编》）。杨安儿之妹也能"马上运双刀"（见《癸巳存稿》卷三）。《宋史·扈再兴传》载："每战，被发肉袒徒跣，挥双刃奋呼入阵。"这些记载都说明双刀在战场上具有实用价值。

由于刀术便于发挥大劈、大砍的作用，宋代刀的种类也逐渐增多，并由日本进口大量手刀，这是因为北宋时经济、文化都有了显著发展，由两浙开往日本的商船几乎年年都有，日本商人也常乘明州、台州商船，把日本制造的宝刀输入中国，最多时达3万把，总输入约20万把，可见日本刀在宋影响很大。相传日本刀能卷成圆形而不断裂，装饰也十分美观。宋代诗人欧阳修曾写有《日本刀歌》："宝刀近出日本国，越贾得之沧海东。鱼皮装贴香木鞘，黄白间杂鍮与铜。"

宋时，善使大刀的人也很多，较著名的有济南"大刀关胜"。关胜事，见于《伪齐录》《三朝北盟会编》《建炎以来系年要录》诸书。《金史·刘豫传》载："关胜者，济南骁将也，屡出城拒战。"王象春在《齐音》中说："金兵薄济南，守将关胜善用大刀。"此外，北宋的米信，旧名海进，也善用大刀。据《宋史·列传》卷二百六十载，米信在雍熙三年（986）征幽蓟，败契丹于新城，"契丹率众复来战，王师稍却，信独以麾下龙卫卒三百御敌，敌围之数重，矢下如雨，信射中数人，麾下士多死。会暮，信持大刀，率从骑大呼，杀数十人，敌遂小却"。

由于大刀分量较重，使用时多双手持刀，以便劈斩，但作为练习功夫，也有单手运大刀的动作。《宋史》卷一百九十五载，南宋孝宗在乾道二年（1166）幸候潮门外阅兵，"是日，有数将独手运大刀，上曰：'刀重几何?'李舜举奏：'刀皆重数十斤①。'有旨：卿等教阅精明"，并奖给了鞍马、金带等。

刀在宋代种类颇多。《武经总要》载，刀的种类主要有8种，称"刀八色"，计有手刀、掉刀、屈刀、偃月刀、戟刀、眉尖刀、凤嘴刀、笔刀等（参见图7-4）。大刀指偃月刀，其中的戟刀就是戟，构造与唐代相比有显著变化，颇似现在的单戟。

三、枪

长枪在宋代是战场上拼杀的重要武器。例如，《宋史·纪事本末》载："宁宗嘉定十二年……秋七月，孟宗政、扈再兴合击金人于枣阳。……宗政撤楼益薪，架火山以绝其路，列勇士，

---

① 数十斤，十字原脱，据《玉海》卷一百四十五补。

以长枪劲弩备其冲。"

由于枪术普及、发展，流派也很多，有所谓东路枪手、河东流派等。《宋史》卷一百九十一载："熙宁元年，诏广州枪手十之三教弓弩手。是岁，会六郡枪手，为指挥四十一，总一万四千七百有奇。三年，知广州王靖言：东路枪手，自至和初立为土丁之额，农隙肄业一月，乃古者寓兵于农之策也。"又据《宋史》卷一百九十五载，北宋熙宁三年（1070），"帝亲阅河东所教排手，进退轻捷，不畏矢石。遂诏殿前司，步军指挥当出戍者，内择枪刀手伉健者百人，教如河东法，艺精者免役使，以优奖之"。

除了以地区分的东路枪手、河东流派外，还有以姓氏分的张朱派等。在绍定二年（1229）十二月，汀州晏梦彪领导当地农民起义时，小官僚利登在《梅川行》一诗中讲到了张、朱二家枪法："初时数百俄数千。受旗翕忽亘千里，聚落一烬如卷水……招贤三尺刃如霜，夹以巨盾张朱枪。"他还自注说："招贤人能制刀，贼用之，又习张朱二家枪法。"这说明劳动人民在练习武艺过程中发展了技术流派，也说明不管技术流派是按地域分还是按姓氏分，其技术特色都是人民创造的。

宋时以枪术称著而名噪武林的人物中，有手持丈八铁枪、横冲战场的岳飞，还有李全、杨妙真等。《宋史·李全传》

载："李全者，潍州北海农家子，同产兄弟三人。全锐头蜂目，权谲善下人，以弓马矫捷，能运铁枪，时号'李铁枪'。"《宋人轶事汇编》载："李全，号李铁枪，横行淄青间。"《古今图书集成》也记有《李全传》，说"全，以弓马矫捷，能运铁枪，时号'李铁枪'。绍定四年，全已戮。妻杨氏谕郑衍德等曰：二十年梨花枪[①]，天下无敌手"。原来淄青的杨家堡，居民皆杨氏，杨安儿有妹，叫四娘子，字妙真，善骑射，尝自云："论花枪，天下无敌手。"她在磨旗山（今山东莒县东）与李全相遇，两个农民领袖通过比武遂结为夫妇，成了一支抗金力量。

宋时，枪的种类已很多。《武经总要》载，常见的有9种，称"枪九色"，计有双钩枪、单钩枪、环子枪、素木枪、鸦项枪、锥枪、梭枪、槌枪、大宁笔枪（图7-5）。

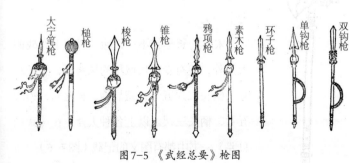

图7-5 《武经总要》枪图

① 杨氏梨花枪，相传系杨业所传。杨业又名杨继业，初为五代北汉将领，人称"无敌"。

四、棍、斧、戈

有的勇士，以用棍著称。例如，《宋史·张威传》载："威以勇见称，每战不操它兵。有木棒号'紫大虫'，圆而不刃，长不六尺，挥之掠阵，敌皆靡。"《武经总要》载，棍有杆棒、白棒、大棒、少林棒等。

斧这个兵器在宋时战场上仍在使用。在顺昌柘皋之捷，破兀朮拐子马时就用大斧。当时，敌"兵皆重铠甲，号'铁浮图'，载铁兜牟，周匝缀长檐。三人为伍，贯以韦索，每进一步，即用拒马拥之，人进一步，拒马亦进，退不可却。官军以枪标去其兜牟，大斧断其臂，碎其首"（见《宋史·纪事本末》卷七十一）。

宋时的斧形状不一，除一般用于作战的大斧外，还有专门攻城用的凤头斧，头长八寸，柄长二尺五寸，蛾眉镬，长九寸，刃阔五寸，柄长三尺。以上各种大斧，在《武经总要》一书中都有图文的记载（图7-6）。

戈在《武经总要》中已没有记载，说明戈在作战中已几乎被淘汰。但《宋史·韩世

图7-6　大斧

中国武术史

忠传》记述了挽强驰射、勇冠三军的韩世忠在金人压境、王师数万皆溃时，"世忠陷重围中，挥戈力战，突围出"，说明用戈的技法并没失传。

五、鞭、简（锏）、杵、槌

鞭、简、杵都是便于携带的新型短兵器，打败金人于大仪镇而有功的北宋呼延赞就善挥铁鞭、枣槊。《宋史》卷三百七十九载："呼延赞，并州太原人。……雍熙四年，加马步军副都军头。尝献阵图、兵要及树营砦之策，求领边任。召见，令之作武艺。赞具装执鞭驰骑，挥铁鞭、枣槊，旋绕廷中数四，又引其四子必兴、必改、必求、必显以入，迭舞剑盘槊。赐白金数百两及四子衣带。"从其四子"舞剑盘槊"推测，鞭、简的不少击法是由剑术演变而来的。

《宋史》卷三百二十五记载了当时使杵、使鞭的情景："王珪，开封人也。少拳勇，善骑射，能用铁杵、铁鞭……珪左手以杵碎其脑。继又一将复以枪进，珪挟其枪，以鞭击杀之。一军大惊，遂引去"，"桑怿，开封雍邱人。勇力过人，善用剑及铁简"。

《武经总要》载："铁鞭、铁简两色，鞭，其形大小长短，随人力所胜用之。又有作四棱者，谓之铁简，言方棱似简形，皆鞭类也。"

宋代铁鞭除硬鞭外，还有一种软鞭，是一种软硬兼施、能长能短的兵器。据考证，"铁鞭多节，系袭晋代遗制。连珠三节鞭亦系胡人器型"（见周纬：《中国兵器史稿》）。

槌，俗称"蒜头"。槌中有一种一头系锤、一头似枪，名槌枪。槌系铁制，使用时对力量要求较高，因此用的人不多。据史载，岳飞之子岳云善用铁椎。当宗弼重整军马改攻颍昌时，岳飞早已料到这一手，就派王贵、岳云率兵防守。王贵、岳云率兵与金兵大战，岳云手执一对铁椎，率800铁骑往来冲杀，击败了金兵。

六、软器械

长梢子，属软兵，在宋时叫铁链夹棒，即长短木棍之间用铁环相连，使用时握长棒挥击，带动短棒击打，其势较猛。如果不了解这种兵器的性能，则架防住了长棒，短棒会折回，仍会击中要害，因此是较难掌握的兵器。《武经总要》卷十三载："铁链夹棒，本出西戎，马上用之以敌汉之步兵，其状如农家打麦枷，以铁饰之，利于自上击下，故汉兵善用者巧于戎人。"以后，为了便于携带，把长棒缩短，制造了短梢子。在铁链夹棒基础上，有的又把长棒连接两节短棒，宋时叫连珠双铁鞭，以后又在此基础上发展成三节棍。

在连珠双铁鞭基础上，节数逐渐增加，于是七节鞭、九节鞭、十三节鞭就相继出现了。

宋代，对兵器的制造非常重视。北宋初年，在东京"南、北作坊"每年制造金脊铁甲等3.2万具，"弓弩院"每年制造角弣弓等1650多万具，各州各坊造黄桦黑漆弓弩等620多万具，数量极大。火药等制作数量也极大，并严禁外传。据苏轼说，徐州利国监用石炭"冶铁作兵，犀利胜常"。《武经总要》记载的武器中，除文字说明外，还附有大量插图，使武器逐渐规格化。

七、射

宋代，弓箭的使用技术已非常普及，民间成立了不少弓箭社，互相传授技术，用以射猎和防止异族侵略。

《宋史·兵志》卷一百九十载："弓箭社，河北旧有之。熙宁三年十二月，知定州滕甫言：河北州县近山谷处，民间各有弓箭社及猎射人，习惯便利，与夷人无异。欲乞下本道逐州县，并令募诸色公人及城郭乡村百姓有武勇愿习弓箭者，自为之社。每岁之春，长吏就阅试之。北人劲悍，缓急可用。"弓箭社虽然是民间的自发组织，但组织上有社头、社副、录事等。

弓箭社除练弓箭外，也练其他武艺，只是重点放在弓箭上。

由于练武之风较盛行，不少劳动人民出身的子弟武艺出众、射艺高超，如"世忠，字良臣，延安人。风骨伟岸，目瞬如电。早年骜勇绝人，能骑生马驹。家贫无产业……年十八，以敢勇应募乡州，挽强驰射，勇冠三军"（见《宋史·韩世忠传》）。

宋时，对射的技术动作都有明确的规格要求，传授技艺时还采用了分解教学法，按上、下肢分成若干动作，按要求进行传授，并且示之以图，以利直观教学。

宋时，由于训练方法有所改进，在力量增长方面也有了明显提高。宋的武卒（精兵）已能踏弩9石，相当于宋以前的25石，也就是说一个人抵得上魏时两个多人的力气（相传魏兵能踏弩12石）。宋时有挽弓3石者，即古时34钧。颜高，春秋鲁国人，孔丘的学生，相传也能挽六钧弓。那就是说，宋人的臂力相当于颜高的5倍还多，对比之下，可看出宋时武艺的发展。①

---

① 《梦溪笔谈》载："钧石之石，五权之名，石重百二十斤。后人以一斛为一石，自汉已如此，'饮酒一石不乱'是也。挽蹶弓弩，古人以钧石率之。今人乃以粳米一斛之重为一石。凡石者，以九十二斤半为法，乃汉秤三百四十一斤也。"

除了拉力增长外，击剑、骑射也掌握和吸取了夷夏的各种技术。《梦溪笔谈》载："以至击刺驰射，皆尽夷夏之术，器仗铠胄，极今古之工巧。武备之盛，前世未有其比。"可见，宋时武器、盔甲制造达到了历史最高水平。

第八章 元代的武术

第一节 元代的作战方式

元代是中国历史上的又一个大一统时代。"元起朔方，俗善骑射，因以弓马之利取天下。"（见《元史·兵志》卷一百四十八）元对加强自己的军事非常重视。游牧部族本来没有专业兵，每遇战争时全民都拿起武器作战，但自统治中国后，原来的社会组织已瓦解，于是用自己的部族兵组成世袭的军队，并在招募来的异族军队中建立了世袭制度，成为维持种族专制的最基本武力。《元史·兵志》载，元初，"蒙古军皆国人，探马赤军则诸部族也。其法，家有男子，十五以上、七十以下，无众寡尽金为兵。十人为一牌，设牌头，上马则备战斗，下马则屯聚牧养"。当时，作战的方式很原始。

马可·波罗以亲身经历和感受曾几次记载了13世纪后期元

朝战争中的情景。当时作战时，先是远射，近战时用刀、槌、矛以至相扑。他说："我们要告诉你们，鞑靼人是怎样去打仗的。你们必须知道，每个人的职守须带60支箭去打仗。其中30支是小的，用来使敌人惊恐不动，30支是大的，带着大箭头子。在近处则射出大箭，射中敌人脸部或臂子上，割断了弓弦及加敌人别种伤害。所有的箭皆射出后，他们取出刀和槌、矛，用这些东西厮杀……只要他们有箭，那些未受伤和仍旧健康的兵士就会不停地放射，无数的人被射死了。……所有的箭皆放射以后，他们将那些弓箭藏在筒里，拿起他们的刀和槌、矛，互相砍杀。用这些刀、槌，他们起始用重力打击，最凶恶、最可怖的厮杀开始了。有的用尽全身气力去砍杀，有的受到这重砍，把手和臂砍落了。有许多人倒在地上死了。实在说，刀剑方始运用。"（见《马可·波罗游记》卷四）

阿八哈派他的儿子阿鲁和八剌去作战时，"当他们排列好，准备好锣鼓响，他们不再等了，立刻开始互相厮杀。你们可以看见箭在空中乱飞，满天都是，像下雨一般。当双方的箭都射完了，许多人马死在地上，他们就拿起剑和槌、矛，冲向对方，开始一个残酷而又凶猛的战斗"（见《马可·波罗游记》卷四）。

从上述记载的作战方式看，骑马射箭是其杀敌制胜的主要手段，双方经过"不停地放射"，直到"许多人马死在地上"，已能明显分出优劣时，才"拿起他们的刀和槌、矛，互相砍杀"，或摔跤相搏，而骑马、射箭、摔跤正是其传统提倡、重视的3项运动。

第二节　传统武术在士兵中仍有保留

蒙古汗国建立了拥有10万士兵的常备军，又从贵族子弟和平民中挑选壮年男子1万名，组成大汗的侍卫军，平时轮流守卫，战时随大汗出征。从史料中可看出，当时士兵以及统治者练武的内容，除有蒙古族擅长的骑马、射箭、摔跤项目外，仍保留了练习单剑、双剑、单刀、双刀、枪、棍、槌、斧等。《元史》载："国宝，一名黑梓，少击剑学书"，"邓弼善双剑"，"英弼力绝人，善用刀，号之曰'刀王'"，"别的因，身长七尺余，肩丰多力，善刀舞，尤精骑射"，"拨绰骁勇善骑射"，"木华黎……沉毅多智略，猿臂善射，挽弓二石强"，"亨鲁，沉毅魁杰，宽厚爱人，通诸国语，善骑射"。

在元代保留下来的山西临汾道观壁画《朝元图》中有个护卫手持单剑，另一个护卫持双剑做交叉上架的防守动作，说明剑在民间仍有影响。另在山西省芮城永乐宫壁画中有持斧的镇卫像，有持剑的天将，有侍从持剑、持斧，也有诸天神持剑、斧、戟，天丁、力士持双斧，天猷元帅持双剑及双头斧等。画中虽都是道教内容，但画面中各种人物手中所持武器却反映了元时人民群众喜练的武器及项目。

第三节　禁止民间私藏武器及练武

元代统治的时间虽短（1271—1368），但传统武艺却受到较大摧残。元人来自游牧部落，其统治阶层对中国固有的武艺并不赞赏，又为了维护其统治，生怕人民起来造反，所以不但严禁百姓习武练艺，连私藏兵器、出猎都要治罪。

从元世祖忽必烈统治时起就再三禁止民间私藏武器，并屡次下令收缴民间武器（见《通制条格》卷二十七）。1285年，"分汉地及江南拘弓箭军器为三等，下等毁之，以中等赐近居蒙古人，上等贮库"（见《元史》卷十三）。凡民间私藏盔甲全副或藏弓箭10副以上，即处死。连"民间有藏铁尺、铁骨朵及含刀铁拄杖者"（见《元史·刑法志》卷一百五十）及一般"聚众围猎""弄枪棒""习武艺"，一概禁绝（见《元典章》卷三）。对人民集会结社，更严加禁止。在瞳社中，不许群众"非理动作聚集"（见《通制条格》卷十六）。在城镇中，更严禁白莲教结社活动，不许"煽惑人众作闹行为"。在江南广大地区，统治更加严密，无限期地实行夜间戒严制度，规定"一更三点，钟声绝，禁人行。五更三点，钟声动，听人行。……违行笞二十七下"（见《元史·刑法志》卷三）。

自元世祖忽必烈中统四年（1263）到元顺帝至正五年（1345），在这80余年间，元朝各代统治者都有禁止民间造藏兵器及练武的禁令。禁令主要针对广大人民，特别是汉民，有时甚至一年几次颁令，严重摧残了武艺，使之奄奄一息。

元代统治者禁止人民收藏武器，凡私造、私藏武器者都要处以死刑。连庙里的仪仗武器也只准用泥土、木头来做，不许用真兵器。《元史·刑法志》卷一百五十载："诸神庙仪仗，止以土木纸彩代之，用真兵器者禁。"据说菜刀也只准几家共用一把。他们严格禁止人民习武练艺。《金史》卷十载："（章宗明昌）四年三月壬申，制定民习角抵、枪棒罪。"他们不仅禁止民间练武，连养马、打猎也要受限制。例如，"至大四年，……九月戊申，禁民弹射飞鸟……十二月庚寅，申禁汉人持弓矢兵器田猎"（《古今图书集成》卷二十四）。《元史·刑法志》卷一百二十载，还禁止"诸民间子弟……习用角抵之戏，学攻刺之术者，师弟子并杖七十七"。

元代统治者虽然严禁人民练武，表面上民间练武被统治者彻底阻绝，而实际上一股难于估计的潜力正积极地在暗中聚积，民间仍有人冒着生命危险，以家传方式暗中传授武艺。但由于残酷镇压，民间练武活动在史料中没有反映。

第四节　舞台与练武

尽管元代武艺受到百般压制、摧残，但在戏剧中套路技术仍有所保留。在元代，戏剧像是一朵盛开的花朵，当时不少会武的民间艺人为求生计转而把武艺也带到戏班中去了。在元代杂剧中，为满足剧情需要，有不少武戏艺人将武艺在舞台上以多种形式予以艺术再现。

武戏与武艺并不相同，但二者却有着密切的渊源关系。民间被禁止的武艺被巧妙而合法地保留在舞台上，并使练功程式化。武功中的基本功，如腿功的搬、压、撕、耗以及腰功中的甩、耗等仍得以流传。另外，围绕剧情需要，单练、对练等套路技术也部分被保留下来。

元代与武艺有关的剧目有《李逵负荆》《关大王单刀会》《单鞭夺槊》《关张赴西蜀梦》《三战吕布》《梦断杨贵妃》《追韩信》等，不少剧目都有武打出现。斧、刀、鞭、槊、戟、剑、枪等长、短器械表演都有所反映。在《三战吕布》中，刘备以为吕布勇不可当，张飞大愤唱："……我觑吕温侯似等闲，则我这条丈八矛，将方天戟来小看。胯下这匹豹月乌，不剌剌把赤兔马来当翻。"再如《梦断杨贵妃》的唱词"你那里银笋间玉箫，俺这里长枪对短刀"等。舞台上的武艺要为剧情服务，武艺的发展当然有局限性，但在台下练武却不是仅限于此。又因舞台艺术上的需要，套路技术也艺术化了。在手到、眼到、手眼相随的配合上，身法以及演练技巧都有所发展。

由于戏曲需要武艺，不少武术器械和其他道具、设备被合法地列为戏场内的设备行头的一部分。据考证，其中有旗牌、帐额、神帧、靠背、枪、刀、剑、戟、锣、板、鼓、笛、衣服、花帽、帐幔等（见《余嘉锡论学杂著》）。

"十八般武艺"这个名称始见于元代的戏剧。例如，元初杨梓在《敬德不服老》中写道："他十八般武艺都学就，六韬书看的来滑熟。"

武艺搬上了舞台，尽管还保留了武艺技击攻防的特点，但终因受戏剧表演的限制，武术套路走向艺术化了，加强表演效果和气氛的花法增多了，套路技术中手到、眼到、手眼相随以及身法上的俯、仰、折、叠等夸大、渲染的演练技巧也多了。

中国武术史

第五节　武艺伴随农民起义又发展起来

元代禁练武艺，但由于戏剧中武戏宣传了武艺，反而使武艺更加深入人心。加之元代统治时间不长，一些老武术家在武艺濒于失传的情况下，又在元末农民大起义中显露了头角。例如，《南村辍耕录》载："中原红寇未起时，花山贼毕四等三十六人，内一妇女尤勇捷，聚集茅山一道宫，纵横出没，略无忌惮。始终三月余。三省拨兵，不能收捕，杀伤官军无数。朝廷召募蹉徒朱陈，率其党与，一鼓而擒之。从此天下之人，视官军为无用。不三五年，自河以南，盗贼充斥，其数也夫。"

伴随农民起义，武艺复活，技击技术也得到了发展。这从两涂轩主人庄万里珍藏的一幅赵麟所画的《演武图》中，也可看出武术又有了生机。

第九章　明代的武术

第一节　鼓励士兵练武

明代是武艺集大成的大发展时期，流派林立，不同风格的拳术、器械都得到了发展。武艺作为军事技术、健身活动及表演技艺早为人们所认识和利用，但在明代尤为突出。

从武艺角度看，尽管宋代已使用了火器，明初使用更加频繁，但并未影响武艺的发展，据《明史》卷九十二载，明成祖朱棣在平交趾的战役中就使用了火器作战，并从此设立了神机营（原文为："至明成祖平交趾，得神机枪炮法，特置神机营肄习"）。这说明明代已铸造和使用了大炮，但在决定胜负的战斗中贴身格斗的武艺仍是重要因素。

明代建立了庞大的军事机构。练武是训练军队的重要内容之一。例如，《练兵实纪》卷二载："日西，各于便处习学武艺，或学弓马，或学披甲，至昏而止。"练武还要求每日坚持不懈，持之以恒。《练兵实纪》卷九载："肯专心致志，不过一月，可熟一种。各种教师，置于左右，每日饮食之余，无所消遣，则用一教师习之，以为消遣之地，他功不妨，而武艺自精。"

明代嘉靖年间倭寇入侵江浙沿海一带，受祸甚烈，平倭明将戚继光（1528—1588，山东蓬莱人）所组织的戚家军，兵精械利，精于武术，所以能击破倭寇。戚继光转战南北，并著有《纪效新书》（图9-1）、《练兵实纪》等书，提倡拳术御侮。

戚继光让士兵练武的目的是使士兵学好本领防身杀贼、立

图9-1 明代戚继光的《纪效新书》

功报国。因为武艺与提高战斗力有着密切关系，武艺的发展也依属于军事需要。当时在军队中不仅规定每日日西至昏时练武，还用士兵切身利害关系来启发、诱导士兵自觉地练武，教育士兵把练武与防身立功紧密结合起来。《纪效新书·禁令》载："凡武艺，不是答应官府的公事，是你来当兵，防身立功，杀贼救命，本身上贴骨的勾当。尔武艺高，决杀了贼，贼如何又会杀你？你武艺不如他，也决杀了你。若不学武艺，是不要性命的呆子。"军队中除了规定练武的时间，还重视通过比赛方式来促进武艺的发展，提出"既学艺，必试敌，莫以胜败为丑"，并且专门制定了奖罚办法，按武艺高低给予奖罚。在《纪效新书·比较武艺赏罚》中规定："比较武艺，初试定为上等三则、中等三则、下等三则。再比，仍如原等者，不赏；进一则者，赏银一分；进二则者，赏银二分；超进一等，赏银五分。一次原等，免责；二次原等，打五棍；三次原等，打十棍，五次以上原等不进者，打四十棍，革退。如有不愿打者，每一次追一分，二次追二分，三次追三分，即付武艺考进之人充赏。"上述这些奖罚办法，对督促练武发挥了一定的积极作用。

　　　　　　　　　　　　　　　　　中国武术史

第二节　军事实用与花拳绣腿并行不悖

明代军队中的练武，总是以军事实用为标准。尽管当时已认识到"拳法似无预于大战之技，然活动手足，惯勤肢体，此为初学入艺之门也"（见《纪效新书》卷十四），但在训练中还是把"习手足，便器械"的功夫限制在"真可搏打者"的范围，提倡"真艺"及"功夫"，反对"左右周旋，满遍花草"，反对"只图取欢于人"，"以图人前之美观而无预于大战之技"的"徒支虚架"或"花法""虚套"的练法，使武艺朝着"遇敌制胜"的方向发展着。从军事观点看，装潢门面的花枪、花刀、花棍、花叉之类的玩意儿，与防身杀贼、立功报国的宗旨极不相容，因而在军事训练中把这些都排除了。

但从健身、表演角度看，"左右周旋，满遍花草"，"只图取欢于人"，"无预于大战之技"的"花法""虚套"，却也受到群众的喜爱。

明抗倭名将唐顺之（1507—1560，字应德），在《峨嵋道人拳歌》里描述拳术表演时写道："忽然竖发一顿足，崖石迸裂惊砂走。去来星女掷灵梭，天矫天魔翻翠袖。……番身直指日车停，缩首斜钻针眼透。百折连腰尽无骨，一撒通身皆是手。"（见《荆川先生文集》）这套拳术就有技击、健身、艺术表演等多种作用，明显地区别于"真可搏打"的技术，与军事技术既矛盾，又有着健身与攻防的内在联系。因此，它与"真可搏打者"的技术都各自独立存在，同样也各自按着自己的发展规律向前发展，且互相吸收、补充着。

古代军事技术的发展是以适应当时社会生产条件所提供的武器和兵种，高度发挥它们的威力，以战胜敌人为转移的。社会生产条件改进了，旧兵器、旧兵种就势必逐渐被新兵器、新兵种所代替，旧技术也自然被新技术所取代，如同古代使用戈、戟作战而被历史发展所淘汰那样，是不以人的意志为转移的。但以套路形式出现的武艺作为"活动手足，惯勤肢体"的手段，却被人们保留下来，并不断得到发展。

第三节　以套路形式为主的练武活动

武术套路技术是从古代"习手足，便器械"的军事训练中和劳动生活中逐步发展起来的。武术套路的发展变化有别于对抗性的攻防技术。不少套路技术并不都以发挥兵器、兵种的战斗威力为转移，也不随兵种、兵器变化而做技术上的更替，而是在保留技击特点的基础上，以适应人增强体质的生理需要及爱好，不断吸取新的经验及演练技巧，以便更好地发挥锻炼体质的效能为转移的。由于它的目的、方法是固定的，因此就产生了相对稳定的套路形式、系统的锻炼经验和技术内容，以及器械技术的攻防方法。但这些具有攻防性质的动作，要受套路技术所约束，并且要经过反复加工提炼才能形成。所以，套路中的攻防动作只能沿着具有攻防含义，但不完全等同于实打的途径发展。为了表现这些攻防动作，必有"左右周旋"的衔接动作及"满遍花草"的引人入胜的"招数"，以便使武术套路既具有技击特点，又有艺术色彩，也不同于军事技术。它与军事技术的真正搏打的技击，在精神、劲力、手、身、步等方面有着密切的内在联系。

在明代，无论套路技术还是对抗性攻防格斗技术都趋于成型和完善，并明显形成了体系。例如，明代大量与武术有关的著作在讲述套路、攻防方法和动作时都用图文记录了套路的动作招数及路线等。《纪效新书》卷十四记载的三十二势长拳，《耕余剩技》记载的刀、棍、枪套路，以及从我国传入朝鲜的剑术等，势与法都较明显。这些套路的共同特点是有攻防技术、战术理论及具体的运动方法，动作趟（段）清楚，有动作的招式方法（图9-2），有动作与动作衔接的位移路线图，其中有直线，有曲线，也有弧线，并且奇数段从右往左，偶数段从左往

中四平势实推固硬
攻进快腿难来双手
逼他单手短打以熟
为乖、
伏虎势侧身弄腿但
来凑我前撑看他立
站不稳後扫一跌分
明、

图9-2 《纪效新书》拳法

右，最后收回原位，很有规律（图9-3、图9-4、图9-5、图9-6）。此外，组成套路的每个招式都有攻防用法变化，并且多以击法命名。动作中虽然以攻防方法为主，但其间也有花法。正如程宗猷所说："以前刀法，着着皆是临敌实用，苟不以成路刀势。习演精熟，则执刀运用，进退跳跃，环转之法不尽。虽云'着着实用'，犹恐临敌掣肘。故总列成路刀法一图……以

懸腳鎗勢
我立四平你剖我
腳不拘裡外我即
懸起腳隨落腳進
步還鎗剖你。
法曰不招不架。
是也。

图9-3 《耕余剩技》枪法

便习演者观览。"（见《耕余剩技》中的《单刀法选》）

　　程冲斗（1561—？，字宗猷）是精于军事的武术家，他既着重于实用，也承认"犹恐临敌掣肘"，主张以套路形式出现，使之熟能生巧。明末清初的武术家吴殳也说："枪本为战阵而设，自为高人极深研几，遂使战阵之枪，同于嚼蜡。"（见《手臂录》卷二）从最早记载的戚继光提到的"三十二势，势势相

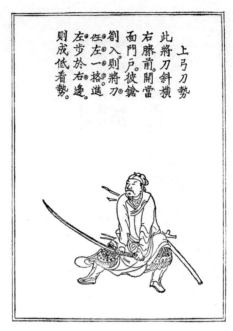

图9-4 《耕余剩技》刀法

承"的套路到最早以套路形式绘之以图的《耕余剩技》所记载的棍、枪、刀等套路技术，都既有用法，也有花法。这些内容是构成套路的重要因素，因为有技击，方才不失武术特点，有花法，才便于连接动作，使之练习兴味浓。事实上，戚继光极力反对花拳绣腿，但他收入的动作也有花法。这是套路的内在结构规律与形式所决定的。

图9-5 《耕余剩技》棍法

　　有了成型的套路技术就便于成套地传授、观摩、交流，便于揣摩和领会套路中的奥秘，使练习者产生兴趣，长年坚持不懈，客观上促进了身体体能的发展。由于套路成型便于"拳打千遍，身法自然"，使手、眼、身、步的演练技巧及劲力和方法等表现形式都发生了变化，而且这些变化有别于军事实用的练习，从运动角度看使套路的发展发生了质的飞跃。由于在军

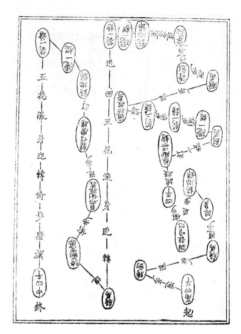

图9-6 《耕余剩技》棍法套路路线图

事训练的练武活动中也包含了套路运动，于是在民间武艺训练中就逐步形成了以套路形式为主的练武活动。

第四节　技术流派的形成与发展

明代武术内容之所以丰富多彩并有了质的飞跃，是因为当

　　　　　　　　　　　　　　中国武术史

时已开始有了资本主义萌芽，特别是新兴的工商业城镇不断兴起，文化不断得到交流和发展，所以武术也从元代处于奄奄一息的状况，转而有了生机。不少武术家寻师访友，磋商技艺，并出现了不少武术专著，使武术技术不同程度地得到了交流，使单凭口传身授、只传嫡系的这种保守思想在某种程度上有所改变，也改变了一徒不认二师的状况。特别是套路体系的形成，使之更便于交流和传授。

不同风格流派的拳术和技击精华，主要是通过套路表现出来的。当时的武术家都"各有师承"，但在传授武艺过程中也互相吸收、借鉴，逐步融合成适合自己特点的技术，形成新的流派。

当时技术流派之多是过去历代没有的。特别是明代不少武术专著对促进流派形成，使各流派互相借鉴、吸收起了一定作用。流派的特征必须通过劲力、技法、身法等几个方面表现出功夫，要有独到之处，有特色，否则就不能形成新的流派。戚继光的三十二势长拳就是吸收了各家之长，"故择其拳之善者三十二势"创编而成的。三十二势长拳又有别于后来的太极拳，这不只是因为太极拳是从三十二势中吸收了二十九势，而是因为在力法上虽有其柔，但主要突出了硬打硬进，虽有哼哈之发劲，但又主要表现出柔、化劲、刚走直和柔走弧形。由于太极拳有了区别于长拳的特点，于是太极拳成了新的流派。这种新的流派是在继承传统的武艺基础上而发展起来的。当时由于各种新流派林立，为了有所区别，于是有了分类。

明末出现的内家与外家的说法，实际上起了分类的作用。明末黄宗羲在《王征南墓志铭》中写道："少林以拳勇名天下，然主于搏人，人亦得以乘之。有所谓内家者，以静制动，犯者应手即仆，故别少林为外家。"这是有关内、外家说最早的记载。

明嘉靖年间，张松溪的内家拳最为著名。《宁波府志·张松溪传》载："盖拳勇之术有二：一为外家，一为内家。外家则少林为盛，其法主于搏人……内家则松溪之传为正，其法主于御敌，非遇困厄则不发，发则所当必靡，无隙可乘。故内家之术为尤善。其搏人必以其穴，有晕穴，有哑穴，有死穴，其敌人相其穴而轻重击之……无毫发爽者，其尤秘者，则有敬、紧、径、劲、切五字诀。"

从劲力、击法上看，内家拳确有明显特点，它在以静制动、以柔克刚、借力使力、寓攻于守、以气运力等方面以及搏人相其穴，均与少林拳"硬打硬进"有明显区别。这种特殊形式的技法，明显比少林拳出现晚，但由于有其特点，故和外家同样有生命力。至于说内家优于外家，这明显是扬己抑外，是一种宗派倾向。但内家拳对以后的太极、形意、八卦拳等的创始与发展确有一定影响。

在明代还没有任何记载把除少林拳之外的"硬打硬进"的拳术列为外家，也没有把内家拳之外的相类似的拳术列为内家拳。内家拳的出现，当时只是和其他拳术并列的一种拳术，因为少林拳闻名于世，故与少林拳相比，称为内家拳。内家与外家逐渐被附会了更多内容，那是明代以后的事。

第五节 "十八般武艺"开始有具体内容

在明代，各派拳术均有徒手的练法与器械的练法。器械练法内容也十分丰富多彩。当时，人们把练武的主要内容统称为"十八般武艺"，用"十八般武艺样样皆通"来表示武艺的全面。

"十八般武艺"这个名称，宋元就有记载，明代此说更多，并逐渐附会了具体的内容。例如，在明代解缙编撰的《永乐大典》中有佚名氏《张协状元》一书，其中写道："丑白：前日两个小人……十八般武艺都不会，只会白厮打。"但考虑到元代不准练武，"十八般武艺"这个名称在宋代已有。

明代唐顺之在《武编》中也有"武艺一十八"的记载。明代无名氏所著《草庐经略》中有这样的记载："一十八般武艺，人虽不能全习，亦当熟其一二。而弓弩枪刀则人人不可无，又人人不可不熟。"明代谢肇淛所著《五杂俎》卷五也记载：正统己巳（明英宗十四年，1449）之交，"招募天下勇士。山西李通者，行教京师，试其技艺，十八般皆能，无人可与为敌，遂应首选。然后卒不以勋业显，何也？十八般：一弓，二弩，三枪，四刀，五剑，六矛，七盾，八斧，九钺，十戟，十一鞭，十二简，十三镐，十四殳，十五叉，十六钯头，十七锦绳套索，十八白打"。又据明代朱国桢的《涌幢小品》卷十二载："武艺十八事：一弓、二弩、三枪、四刀、五剑、六矛、七盾、八斧、九钺、十戟、十一鞭、十二简、十三挝、十四殳、十五叉、十六钯头、十七绵绳套索、十八白打（即手搏），又称为武艺十八事。"

在漫长的岁月里，"十八般"包括的内容大同小异。明代成书的《水浒全传》是记载宋朝的故事，但起码反映了明时已有十八般武艺的名称。该书记载："史进每日求王教头点拨十八般武艺，一一从头指教。那十八般武艺？矛、锤、弓、弩、铳、鞭、简、剑、链、挝、斧、钺并戈、戟、牌、棒与枪、叉。"与以上几种说法虽略有不同，但反映当时武艺内容是多种多样的：有徒手的，有器械的，器械包括长兵、短兵、远兵、软兵等。

第六节　拳术

拳术是器械练法的基础，在拳术基础上才能牢固地掌握器械练法。何良臣（明嘉靖时浙江余姚人）在《阵纪》中已明确认识到了这点，并总结出了一条经验：“学艺，先学拳，次学棍。拳棍法明，则刀枪诸技特易耳，所以拳棍为诸艺之本源也。”戚继光在《纪效新书》中也指出了拳法的重要性，他说：“拳法似无预于大战之技，然活动手足，惯勤肢体，此为初学入艺之门也，故存于后，以备一家。”他还强调说：“其拳也，为武艺之源。”

从当时拳械动作中的身、手、腿、步法上看，拳械两者有许多共同之处。例如，拳术中四平，即棍之四平，枪之中平；拳术中探马，即棍之跨剑势，剑之骑马分鬃；拳术之跃步，即棍之骑马势，藤牌之斜行；拳术中右一撤步，即棍之顺步劈山势，倭刀之看刀；拳术中的单鞭，即棍之凤凰展翅，关刀的勒马登峰；拳术中的半马步，即棍之潜龙势，叉之埋头献镶；拳术中的弓步搐拳，即枪之劄枪，长倭刀之刺刀，棍之单手搭枪，拳之进步横拳，即棍之旋风跨剑，倭刀之单手撩刀。如此等等，举不胜举。

由于拳术与器械动作中有共性要求，遂逐步形成了稳定性较强的基本动作，并有明确的规格。从各势看，步法有进步、退步、闪身步、偷步、斜进步、跳剪步、跃步、磨旗步、翻身进步、剪步（盖步）；步型有高四平、中四平、低四平、雀地龙（扑步）、顺弓步、拗弓步、横挡步、半马步、独立步、跪步（埋伏势）等。此外，还有提膝平衡（金鸡独立）及二起脚（二换腿）等平衡跳跃动作。击法有横拳、短拳、顶肘、劈靠、搬采、擒拿、跳腿、弹踢、扫腿等。以上这些动作都是学拳时打下的牢固基础。具备了这个基础，才能做到"身法活便，手法便利，脚法轻固，进退得宜。腿可飞腾"。

明代民间盛行的拳术中，著名的有宋太祖三十二势长拳，还有六步拳、猴拳、囮拳、温家七十二行拳、三十六合锁、二十四弃探马、八闪番、十二短、吕红八下、绵张短打、山东李半天之腿、鹰爪王之拿、千跌张之跌、张伯敬之打、巴子拳等。此外，还有少林拳、峨眉拳、秘宗拳、六合拳、驰骤拳、戳脚、内家拳等。

戚继光是明代著名军事家，曾多次击败倭寇。他把民间流行的拳术加以整理编撰成书。他在《纪效新书》中写道："故择其拳之善者，三十二势。势势相承，遇敌制胜，变化无穷，微妙莫测。窈焉、冥焉，人不得而窥者，谓之神。俗云：拳打不知，是迅雷不及掩耳。所谓不招不架，只是一下犯了招架，就有十下。博记广学，多算而胜。"这扼要论述了以套路形式出现的三十二势一环扣一环的连贯性，以及死招活用、遇敌制胜的技术、战术。

综合上述可见，明代套路技术与攻防格斗技术关系密切并相互作用，而不是截然分开的两个系统。

三十二势的各势在《纪效新书》中有图文并茂的讲解，并附有口诀，便于练习。戚继光选择的"拳之善者三十二势"详列于下。

一、懒扎衣，出门架子，变下势霎步单鞭，对敌若无胆向先，空自眼明手便。

二、金鸡独立颠起，装腿横拳相兼，抢背卧牛双倒，遭着叫苦连天。

三、探马传自太祖，诸势可降可变，进攻退闪弱生强，接短拳之至善。

四、拗单鞭，黄花紧进，披挑腿左右难防，抢步上拳连劈揭，沉香势推倒泰山。

五、七星拳，手足相顾，挨步逼，上下提笼，饶君手快脚如风，我自搅冲劈重。

六、倒骑龙，诈输佯走诱追入，遂我回冲，恁伊力猛硬来攻，怎当我连珠炮动。

七、悬脚虚饵彼轻进，二换腿决不轻饶，赶上一掌满天星，谁敢再来比拼。

八、丘留势，左搬右掌劈来脚，入步连心，挪更拳法探马均，打人一着命尽。

九、下插势专降快腿，得进步搅靠无别，钩脚锁臂不容离，上惊下取一跌。

十、埋伏势卧弓待虎，犯圈套寸步难移，就机连发几腿，他受打必定昏危。

十一、抛架子，抢步披挂，补上腿，那怕他识。右横左采快如飞，架一掌不知天地。

十二、掂肘势，防他弄腿，我截短须认高低，劈打推压要皆依，切勿手脚忙急。

十三、一霎步随机应变，左右腿冲敌连珠，恁伊势固手风雷，怎当我闪惊巧取。

十四、擒拿势，封脚套子，左右压，一如四平，直来拳逢我投活，恁快腿不得通融。

十五、井拦四平直进，剪臁踢膝当头，滚穿劈靠抹一钩，铁样将军也难走。

十六、鬼蹴脚，抢人先着补前扫转，上红拳背弓颠披揭起，

中国武术史

穿心肘靠妙难传。

十七、指当势，是个丁法，他难进，我好向，前踢膝滚躜上面，急回步颠短红拳。

十八、兽头势，如牌挨进恁快脚遇我慌忙，低惊高取他难防，接短披红冲上。

十九、中四平，势实推固，硬攻进，快腿难来，双手逼他单手，短打以熟为乖。

二十、伏虎势，侧身弄腿，但来凑我前撑，看他立站不稳，后扫一跌分明。

二十一、高四平，身法活变，左右短出入如飞，逼敌人手足无措，恁我便脚踢拳捶。

二十二、倒插势，不与招架，靠脚快讨他之赢，背弓进步莫迟停，打如谷声相应。

二十三、神拳当面插下，进步火焰攒心，遇巧就拿就跌，举手不得留情。

二十四、一条鞭横直劈砍，两进腿当面伤人，不怕他力粗胆大，我巧好打通神。

二十五、雀地龙下盘腿法，前揭起后进红拳，他退我虽颠补，冲来短当休延。

二十六、朝阳手偏身防腿无缝锁，逼退豪英，倒阵势弹他一脚，好教师也丧声名。

二十七、雁翅侧身挨进，快腿走不留停，追上穿庄一腿，要加剪劈推红。

二十八、跨虎势，挪移发脚，要腿去，不使他知，左右跟扫一连施，失手剪刀分易。

二十九、拗鸾肘，出步颠剁，搬下掌，摘打其心，拿鹰捉兔硬开弓，手脚必须相应。

三十、当头炮势冲人怕，进步虎直撺两拳。他退闪，我又颠踹，不跌倒，他也茫然。

三十一、顺鸾肘，靠身搬，打滚快，他难遮拦，复外绞刷回拴肚，搭一跌谁敢争前。

三十二、旗鼓势，左右压进，近他手，横劈双行，绞靠跌，人人识得，虎抱头要躲无门。

第七节　器械

一、棍

明代名棍甚多，除所传"赵（宋）太祖（匡胤）腾蛇棒"（见《阵纪》）外，还有孙家棒。据记载，孙家棒出自宋江诸人。明代茅元仪说："今之棍，即古之杆棒、白棒也。"《武备志》一书也反映了明代棍法继承、发扬了宋代棍法。明代名棍主要有东海边城的棍、紫薇山棍、张家棍、青田棍、赵太祖腾蛇棒、贺屠钩杆、西山牛家棒、孙家阴手棍、扒权棍、闽中俞大猷棍（俞公棍）、少林棍、巴子棍等。

从以上棍名看，有的以姓氏命名，如俞大猷（1503—1579，福建晋江人，明代抗倭名将，著名武术家，著有《剑经》一书）、张家、孙家、贺屠、牛家等，有的以地区命名，如青田、西山、东海等。

明代长于棍法的专家除了俞大猷及其师李良钦外，还有刘邦协、重炎甫、林琰、乔师、石敬岩、曹兰亭、赵英等。

在几十家棍法中较有名气的首推俞公棍。何良臣说："棍法之妙，亦尽于大猷。"戚继光也很敬佩俞大猷的《剑经》。他说这是"短兵长用法，千古奇秘"。其实，《剑经》写的是棍法，而不是剑法。他在《纪效新书》中附载了棍法十四势，其名称如下：（1）扁身中拦势；（2）大当势；（3）大顿势；（4）仙人捧盘势；（5）大吊势；（6）齐眉杀势；（7）滴水势；（8）直符送书势；（9）走马回头势；（10）上剃势；（11）倒头势；（12）下穿势；（13）闪腰剪势；（14）下接势。

上述十四势的棍法插图中，有上、下手对练，以便揣摩攻防奥秘。《纪效新书》中的《剑经》录有总歌诀三首，其中一首是："阴阳要转，两手要直；前脚要曲，后脚要直；一打一揭，遍身着力，步步进前，天下无敌。"这把用棍诀窍、用力要点、下肢配合等讲得很清楚。

《剑经》总歌诀载："刚在他力前，柔乘他力后，彼忙我静待，知拍任君斗。"这强调了实战时要掌握主动权，做到"旧力略过，新力未发"而击之，并对目测距离、假动作、还击时机、抢先进攻等战术要素做了精辟的论述。与俞公棍齐名的少林棍也曾受过俞大猷的指点。当时名山大寺集聚很多僧侣，河南嵩山少林寺以棍法享誉海内外。俞大猷曾在行军中到访过少林寺，见寺僧棍法已"尽失古人真意"，就把他编的"临阵实用"棍法传授给寺僧。后来在平倭战斗中，被征募的40余名少林僧兵"轮棍进攻，敌遇者即仆"（见《吴淞甲乙倭变志》）。

关于40余名寺僧抗倭事迹，在《钦定文献通考》卷一百零八中也有记载："又僧兵，有少林、伏牛、五台。倭乱，少林僧应募者四十余人，战亦多胜。"《倭变事略》也载："有少陵（少陵即少林——编者）僧者，自幼行脚江湖谙武艺，手执铁棍，以故大钱贯铁条于中，长约八九尺，重约三四十斤。尝德万公施，欲为其婿报仇，曰：'吾辈不愿受中丞约束，愿为公灭此贼。'……僧以铁棍击杀之，并杀勇战者十余贼。"当时不仅寺僧练武，有的少林僧还应聘去教武。沈华祯备兵太仓时，曾招募东南技勇练兵教士，"敬岩应聘而来，同时来者，有曹兰亭、赵英及少林僧洪纪、洪信之属"（见《陆桴亭文集》卷六）。

少林僧把棍称为"艺中魁首"，认为"凡武备众器，非无妙用，但身手足法，多不能外乎棍"（见程宗猷：《少林棍法阐宗》）。

少林棍有小夜叉六路、大夜叉六路、阴手六路，各路均有棍谱、棍图及破法谱。此外，还有两人练习的排棍六路及穿梭棍一路。因是活法无定势，故没图。

"夜叉云者，以释氏罗刹夜叉之称。其神通广大，降伏其心，即可为教护法。释氏又以虎为巡山夜叉者，即此意也。"大、小夜叉势相等，区别在于大夜叉脚步交换较开阔。阴手亦少林棍名。阴手以两手持棍俱阴近身入怀，能缩长棍短用，故也与夜叉相表里。少林棍的击法有拿、拦、提、捉、劈、挂、打、绞、架、格、缠、拖、扭、扎、圈、穿等。

少林棍，除棍粗重外，在棍法上突出大劈大挂的动作。《手臂录》载："余见少林有一棍法，名曰五虎拦，惟一打一揭而已。"打、揭就是一劈一挂的动作，在平倭寇中，对付较轻的倭刀起了作用。

二、枪

程宗猷在《长枪说》中说："枪乃艺中之王，以其各器难敌也。"吴殳在《手臂录》中也说："枪为诸器之王。"枪的杀伤力较大，因而成为传统的作战利器，也是民间长期习武的主要项目。所以，茅元仪在《武备志》中也说："阵所实用者，莫枪若也。"

戚继光创鸳鸯阵（图9-7），以12人为一小队，其中持

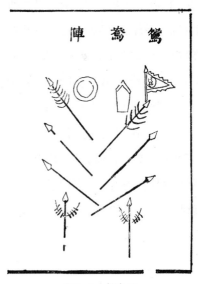

图9-7 鸳鸯阵

中国武术史

狼筅、刀牌等其他器械者均为二人，"惟枪手四人，名曰'杀手'"。明太祖洪武十三年（1380）的军法定律中也明文规定："每一百户铳手一十名，刀牌手二十名，弓箭手三十名，枪手四十名。"枪手比例都大，可见枪手在作战中起重要作用。

明代，除早已名扬天下的杨氏梨花枪外，还有沙家枪、内家枪、马家枪、李家短枪、河南李克复长枪、六合枪、八枪母、关东杨教师枪、金家枪、张飞神枪、显神枪、石家枪、韩家枪、峨眉枪、山东樊氏枪等。

戚继光在《纪效新书·长枪总说》中说："夫长枪之法始于杨氏，谓之曰'梨花'，天下咸尚之。其妙在于熟之而已。熟则心能忘手，手能忘枪，圆神而不滞。又贵于静也，静则心不妄动而处之裕如，变幻莫测，神化无穷。后世鲜有得其奥者，盖有之矣，或秘焉而不传，传之而失其真，是以行于世者，卒皆沙家、马家之法。盖沙家竿子、马家长枪各有其妙，而有长短之异。其用惟杨家之法。"杨氏梨花枪据传有三十六路花枪。

明代推崇的杨家枪实为杨业子孙所传，是宋代红袄军女将领杨妙真的枪法。杨妙真曾自诩："二十年梨花枪，天下无敌手。"（见《宋史·李全传》）这是明代武艺多继承宋代的又一佐证。

杨家枪的特点是"其进锐，其退速，其势险，其节短，不动如山，动如雷震"（见《纪效新书·长枪总说》）。何良臣也认为，杨家枪"长短能兼用，虚实尽其宜，锐进不可当，速退不能及，而天下称无敌者，惟杨氏梨花枪法也。所以行有守，立有守，守内暗藏攻杀之机"（见《阵纪》）。

戚继光重视杨家枪，但也指出杨家枪"须是兼身步齐进。其单手一枪，此谓之孤注，此杨家枪之弊也，学者为所误甚多"。他还提出长兵短用之法："其短用法，须手步俱要合一，一发不中，缓则用步法退出，急则用手法缩出枪杆，彼器不得交在我枪身内，彼自不敢轻进。我手中枪就退至一尺余，尚可戳人，与短兵功用同矣。"（见《纪效新书·长兵短用说》）

长兵能短用是枪术技术上的又一发展，给步法、身法、枪法及战术开辟了新途径。杨家枪有三十六路花枪，以后在三十六路花枪基础上又发展成各式枪法。例如，《续文献通考》载："枪之家十有七，曰杨家三十六路花枪，其分出者，有大闪竿、小闪竿、大六合、小六合、穿心六合、推红六合、埋伏六合、边拦六合、大封闭、小封闭名。"此外，还有峨眉僧普恩传授的"峨眉枪法"，其中包括治心、治身、宜静、宜动、攻守、审势、形势、戒谨、倒手、扎法、破诸器、身手法等。

明代各家枪法各有诀窍、特色，但较出名者首推"石、沙、杨、马、少林、冲斗等六家枪法"。明末清初精通枪法的吴殳在他所辑的《手臂录》中就提到了这点。石家枪被列为首位，但它并不是六家枪法中的最上乘枪法，而是因为石敬岩是吴殳的业师。

《明季北略石电战死》载："敬岩名电，身长赤髭，能挽强超距，尤精于枪法。有善枪者，典衣裹粮，不远数百里，尽其技而后已，遂以枪有名。"石敬岩到处寻师访友学枪，吸收了各地"善枪者"的优点而发展成石家枪。石家枪的特点是"一戳一革"，冲斗长枪的特点是"大封大劈借力刺"，少林枪的特点是"拿、搭、圈、扎"，各有特点。石家枪、冲斗长枪、少林枪等均出现于戚继光、何良臣著书之后，所以《纪效新书》《阵纪》中均未能收录，但在《耕余剩技》一书中却收入了冲斗长枪及少林兼棍枪的方法，从中也可窥见一斑。

枪术在明代无论是在技术、战术还是在训练方法上都有了较系统的经验。《长枪法选》载："中平枪，枪中王，高低远近都不妨。高不拦，低不拿，中间一点难招架。去如箭，来如线，指人头，扎人面。圈里搭，圈外看，圈外搭，圈里看，高低远近多看见。你枪扎，我枪拿，你枪不动我枪扎。枪是缠腰锁，先扎手和脚，扎了脚和手，闭住五行堵路口。他法行，随法行，中平六路从。变化有多般，一疾上，又加疾，扎了还嫌迟。枪有三大病：身法不正，是一大病；当扎不扎，是二大病；三尖不照，是三大病，上照鼻尖，中照枪尖，下照脚尖。"这段话阐述了中平枪的攻防作用、持枪和用枪的基本姿势、出收枪的方法、刺出部位、扎拿枪的变化和时机，以及容易出现的错误动作等，这对以后枪术的发展具有深远的影响。

何良臣在《阵纪》一书中还总结了传授枪法的经验。他写道："凡学枪先以进退、身法、步法，与大小门哄哄串手法，演熟，继以六真、八母、二十四势的厮杀，使手能熟、心能静，心手与枪混法两化动则裕如，变不可测。"为了检验刺枪的水平高低，提高枪术水平，训练一定阶段后还进行比枪。比枪方法是"先单枪试其手法、步法、身法、进退之法"，然后是"二枪对试其真正交锋"，"以二十步内立木靶一面，高五尺，阔八寸，上分目、喉、心、腰、足五孔，各一寸木球在内。每人执枪二十步外，听擂鼓，擎枪作势，正身向前，戳去孔内圆木，悬于枪尖上。如此，遍五孔止"。

综上所述，可见明代有了完整的枪术理论，明确了枪的构造、性能、特点、技术要点、技击的技术和战术要求、练法以及测验标准等，还编了枪歌、枪诀等，以便记忆。每种枪势还有插图，以便直观教学。动作名称也比较生动形象，通俗易懂，如"青龙献爪""十面埋伏""苍龙摆尾""太公钓鱼""梨花摆头""抱琵琶""铁牛耕地""鹞子扑鹌鹑"等诸色枪式。从枪的种类看，明代除了披缨长枪外，还有钩镰枪、拐突枪、素木枪、鸦项枪、锥枪、梭枪、槌枪、拒马枪、搠马突枪以及掷出的标枪等。

三、刀

明太祖洪武十三年（1380）正月，"置军器局，专典应用军器"，其中"刀之属有摩挲刀、腰刀、滚刀、倭滚刀、米昔刀、黄莲刀、开脑大刀、大样摩挲刀、马刀"（见《钦定续文献通考》王圻卷一百三十四）。

上述那些刀并不都是练武、打仗常用的刀。明代常用的刀有4种。《武备志》载："今所用惟四种，曰偃月刀，以之操习，示雄，实不可施于阵也。曰短刀，与手刀略同，可实用于马上。曰长刀，则倭国之制，甚利于步，古所未备。曰钩镰刀，用阵甚便。又有腰刀，则惟用于藤牌。"比起北宋曾公亮编修的《武经总要》中的"刀八色"，七种长兵中只剩下偃月刀一种及与手刀略同的短刀。而"古所未备"的长刀是明代时由东瀛（日本）传入的，"刀长三尺八寸，把一尺二寸，则长有五尺。……刀背要厚，自下至尖渐渐薄去，两旁脊线要高起，刀口要薄……刀鞘内要宽，刀口寸金箍入鞘口，略紧勿松，紧

图9-8 日本刀

松亦要得宜，以便出入（见《耕余剩技》中《单刀法选》，图9-8）"。而《平攘录》记载："日本刀长五尺，舞动则手下四方尽白，不见其人。"五尺长只是感觉到的估计长度，而前者记载的长度比较合乎实际，因为这种刀是双手挥动的。在《三才图会》《手臂录》《上海县志》《筹海图编》等书中都有赞倭刀的记述。《耕余剩技》对单刀描述曰："以双手用一刀也，其技擅自倭奴。……其用法，左右跳跃，奇诈诡秘，人莫能测，故长技每每常败于刀。余故访求其法，有浙师刘云峰者，得倭之真传，不吝授余，颇尽壶奥。时南北皆闻亳州郭五刀名，后亲访之，然较之刘，则刘之妙，又胜于郭多矣。"

刘云峰的刀术"有势，有法，而无名"。后来，程宗猷为使习者易于记忆，"依势取像，拟其名"，如"拔刀出鞘势""埋头刀势""入洞刀势""腰砍刀势""独立刀势""提撩刀势""迎推刀势"等。每个刀势绘之以图，附以手、眼、身法、步法及刀法说明。刀法有拦、砍、捌、撩、搅、推、刺、格、带、压、提削、五花等。实际上，"单刀法"已不都是日本原样的刀术。例如，五花刀法就是我国传统的练法。明代刀术既吸收了日本刀法的精华，又遵照中国刀法，以中国套路形式创编中国的刀术。程宗猷在这方面功绩卓著。

程宗猷明确指出，套路形式对练武作用甚大，是训练中不可缺少的重要手段。他在记叙刀术套路时规定，奇数段（趟）由右往左，偶数段（趟）由左往右，最后收回原位；运动路线有小斜线、弧线、直线、8字线等路线，布局简单、合理。

短刀实为单刀，既可单手舞练，也可两手各持一刀，称为双刀舞练。"张参戎、丁总戎父子三路出兵，丁驻大步山，其子率兵合击。贼一先锋，衣红绡金短袄，舞双刀突前。"（见黄冈樊维城汇编：《倭变事略》）这说明在明代仍有持双刀作战的人。双刀多出自民间。《手臂录》卷四附录中有《双刀歌》一首，并载："其法系石硅瓦氏女传天都侠女项元池……瓦氏即嘉靖间与倭寇作战之女将军。"

钩镰刀，刀背中部带钩，两侧有刃，刀法多由大刀演变而来，有钩、搭、砍、剁，其中只多了一个钩法。

偃月刀，由于步战加强，已经不像宋代战场上用得那么频繁，逐渐成了民间练武、练力的器械。偃月刀要两手持一刀，分量比一般刀重得多，对握力、手、身、步要求较高，舞动时要以腰发力，身械协阔，成为身强力壮、个子大、力气足的人喜欢练的项目。刀法有砍、劈、撩、抹、带、斩、云等。

举大刀不同于偃月刀，举大刀分量更重，没有刀法要求，主要是变换各种姿势试举，用于测力。例如，崇祯四年（1631）的一次武考中，"举子运百斤大刀者止来聘及徐彦琦二人"。"武榜有状元，自来聘始也。"（见《明史·王来聘传》）这种舞弄一些花法的举刀与舞偃月刀有明显区别，更不同于供陈列礼仪用的木制仪刀。

四、剑

关于剑，明人辑著的《考槃余事》载："自古各物之制，莫不有法传流，独铸剑之术，不载典籍，故今无剑客，而世少名剑。"

明代茅元仪在《武备志》一书中写道："古之剑，可施于战斗，故唐太宗有剑士千人，今其法不传。断简残编中，有诀歌，不详其说。"他又写道："古之言兵者，必言剑。今不用于阵，以失其传也。余博搜海外，始得之。"这表明剑在军队中早已被淘汰，并已失传，致使茅元仪这位武器专家都要"博搜海外"了。

从日本《尚书》所收入的朝鲜剑术中可窥见我国剑术的一斑，其中所附的《剑诀歌》如下：

中国武术史

电挈昆吾晃太阳，一升一降把身藏——左右四顾、四剑。

摇头进步风雷响，滚手连环上下防——开右足一剑，进左足一剑，又左右各一剑，收剑。

左进青龙双探爪——缩退二步开剑，用右手十字撩二剑，刺一剑。

右行单凤独朝阳——用左手一刺，跳进二步，左右手各一挑，左右手各一盖，右手一门转步，开剑作势。

撒花盖顶遮前后——右滚花六剑，开足。

六步之中用此方，蝴蝶双飞射太阳——右足进步右手来去二剑，左足进步左手一刺一晃。

梨花舞袖把身藏——退二步，从上舞下四剑。

凤凰攘翅乾坤小——进右足转身滚两手，乃翻手左手一剑，右手来去二剑，左手又一剑，开剑进右脚。

掠膝连肩劈两旁，进步满空飞白雪——从下舞上四剑，光右手。

回身野马去思乡——右手抹眉一剑，右手抹脚一剑，抹眉一剑，左手抹腰一剑，一刺右手，一手收剑。

从上述《剑诀歌》中可看出在剑法运用上已注意到"眼随剑走"，在"左右四顾"中施以剑法。双手握剑，剑法主要有击、刺、格、洗等。

击法有五：豹头击，跨左击，跨右击，翼左击，翼右击。
刺法有五：逆鳞刺，坦腹刺，双明刺，左夹刺，右夹刺。格法
有三：举鼎格，旋风格，御车格。洗法有三：凤头洗，虎穴洗，
腾蛟洗。这些动作包括上挑、下压、劈、撩、斩、绞、剪、
点、崩、刺、冲刺、滚刺、绞格、带、格抹等多种刺法。

明代军队中，剑术已被淘汰，《纪效新书》中所收《剑经》
实际上是讲棍法的。但在民间，剑术仍有流传。例如，明末农
民起义领袖李自成就喜欢剑术，后来在他回忆起义受挫而加紧
练兵的情景时说："收拾残破费经营，暂住商洛苦练兵。月夜贪
看击剑晚，星晨风送马蹄轻。"此外，《草庐经略》对剑术也有
记载："剑戟刀矛，长短相杂。所谓长以卫短，短以救长也。"

此外，《明史纪事本末》载："河北女子亦通剑器。"《明
史·隐逸传》载，桐庐人徐舫"幼轻快，好击剑"。《手臂录》
载，渔阳老人剑法教吴殳。就连以枪法闻名的石敬岩也曾向耿
桔学过剑，之后，又把剑法传授给别人（见《柈亭文集·石敬
岩传》）。从以上片段资料看，剑术在民间并未失传，只是发展
较慢。剑在作战中虽然逐渐失去了作用，但在健身和演练技巧
上却有了发展。

明人宋存标在《舞剑赋》中记述他看舞剑的情景时写道：

"其始兴也，若俯若仰"，"摇人目睛，如水涣日，如水观星"。他形容俯仰开合的身法和变化莫测的剑法，使他眼花缭乱，说明剑术及其演练技巧达到了相当高的水平。

五、弓弩

弓射、弩射在明代仍是武艺的重要内容。《武备志》载："弓者，器之首也。"由于弓矢具有"命中致远"的特殊作用，不仅在军中重视弓射、弩射，民间练武中也是一样。关于射法的书有李呈芬的《射经》。《射经》分总论、射器、辨的、明彀、正志、身法、弓法、足法、眼法、审固、指机、马射、神奇、考工等14条。《纪效新书》的《射法》有25条，是汇集俞大猷的《正气堂集》、王琚的《射经》以及高颖的《武经射学正宗》有关条文而写成的。

其中，主要射法理论有下列各条："怒气开弓，息气放箭。盖怒气开弓，则力雄而引满。息气放箭，则心定而虑周"，"量力调弓，量弓制矢"，"持弓审固。审者，详审。固者，把持坚固也"，"使精神和易，手足安固，然后发矢"，"射箭引满之余，发矢之际，又必加审，而后中的可决"，"大指压中指把弓"，"马弓决要开至九分满，记之，记之。若七八分，亦难中也"，"凡箭去，宁高而过的，慎勿低而不及也"，"射者必量其弓，弓量其力，无动容作色。和其肢体，调其气息，一其心志。故曰：'莫患弓软，服当自远，莫患力赢，引之自低。'但力胜其弓，必先持满射之。先近而远，此不易之法也，大端还要学扯满射远，及到然后自近求准"，"凡射，前腿似橛，后腿似瘸，随箭改移，只在后脚，左眉尖直对右脚尖，丁字不成，八字不就，射右改左，射左改右"，"前手如推泰山，后手如握虎尾，一拳主定，前后直正。慢开弓，紧放箭，射大存于小，射小加于大（存，压其前手；加，举其前手），务取水平。前手撇，后手绝"，"对敌射箭，只是个胆大力定，势险节短，则无不中"。

上述各条紧密围绕"命中致远"的目的，把射箭过程、要求、要点讲得非常透彻。此外，从现象到产生的原因和纠正的方法，对易犯的错误讲述尤详。例如，下列各条就比较典型："凡打袖，皆因把持不定"，"凡矢摇而弱者，皆因镞不上指故也"，"凡射，颐恶旁引，头恶却垂，胸恶前凸，背恶后偃。乃身之病。此身法也"，"凡射法，箭摇头，乃是右手大、食指扣弦太紧之故。其扣弦太紧之故，是无名、小指松开之故"。

民间习射情况，正史记载不多，但上述射箭经验，主要是来自民间。

关于弩射，在程宗猷的《少林弩法阐宗》中有详细记叙，

中国武术史

其主要内容有"射弩兼用刀枪说""脚踏上弩图""膝上上弩""发弩图""轮流发弩"等。

第八节 对抗形式的比武

自明朝以降，各种器械练法逐步以套路形式出现，不仅在民间传播，在军队练武中也被采用，正如戚继光所说，成为"惯勤肢体及学会杀敌制胜"的重要手段。

除了套路这个运动形式外，对抗性的比武，如手搏、摔跤及使用器械等，也被重视。明代不少著述中都有这方面的记载。例如，明人袁宏道在《嵩游记》中写道："晓起出门，童白分棚，立乞观手搏主者，曰：'山中故事也。'试之多绝技。""绝技"是指随机应变战胜对方的绝招。又如，江西揭暄在《兵法圆机》中记述相搏的情景时写道："当思搏法，此临时着也。敌强宜用抽卸，敌均宜用常抄，敌弱宜用冲躁。"这说明比武时，情况不同，则用的招式也应不一样。

正规的比武，民间叫打擂台。擂台赛前，先由擂主安排好高手准备应战，凡愿与其较量高低的人，临场立好"文书"，方可上台献艺。台子叫"献台"，裁判叫"部署"。比赛时"不许暗算"，先败下台的为输。《太岳太和山志》载："俄摔也先台下也。"对抗性比武有时也用器械，为安全起见，把武器锋芒裹起来，或去掉枪头，各用毡片包裹，在地下蘸上石灰，互相用枪杆厮搠，白点多者为输。这种比武形式，在《水浒传》中也有反映。《水浒传》是记载宋代的事，但作者是明朝人，所以至少能反映明代有这种形式。"枪刀本是无情之物，只宜杀贼剿寇。今日军中自家比试，恐有伤损，轻则残疾，重则致命，此乃于军不利。可将两根枪去了枪头，各用毡片包裹，地下蘸了石灰，再各上马，都与皂衫穿着。但是枪杆厮搠，如白点多者当输。"《水浒传》描述的这种比赛就更接近竞技运动的要求了。

第九节　中日两国武术交流

明洪武十四年（1381，日本弘和元年）前后，中日两国来往频繁。1368年，明朝初建就与日本有国书往来，直至洪武十九年（1386），两国互派使者10余次。例如，洪武三年（1370），日本亲王怀良遣僧祖来，携带国书来中国通好，受到太祖礼遇，并派高僧祖阐和南京瓦官寺无逸、克勤等8人回访，颇受日本欢迎。在这种情况下，随着文化交流，有关武术专著的书也传入日本，戚继光的《拳经》在万历年间就流传到日本。高颖的《武经射学正宗》也常被日本人平山潜引用。

明末，陈元赟（字义都，号芝山，又号升庵）在1619年时31岁，东渡日本，到长崎，避明之乱。1629年，他到了日本西久保国寺（唐豪认为是武州江户正国寺，即今东京麻布区正国寺），把少林拳法传与浪士三浦与治、矶贝次郎和福野七郎等3人。此3人即日本柔道之祖。因此，陈元赟在日本柔道发展上起了一定作用。

第十章　清代的武术

　　1644年，李自成领导的农民起义军攻占了首都北京城，推翻了明代统治。同年，吴三桂引清军入关，建立了清王朝，逐步完成了对全国的军事征服。到乾隆时，出现了史书上所称的"康乾盛世"。农业和手工业达到更高水平，商品交换也空前活跃，在政治、经济、文化方面呈现了短暂的繁荣景象。这时，资本主义生产关系的萌芽已经影响到更多地区和行业，阶级矛盾激化，农民抗租、夺地的斗争连绵不断，江南各地还不断发生手工业工人"各行叫歇"斗争，以及商民罢市和闹衙斗争。从乾隆末到嘉庆、道光年间，农民起义此起彼伏，如火如茶，主要有川、楚白莲教起义和湘、贵苗民起义，使清王朝陷入严重政治危机，到道光时封建社会已经到了"天崩地解"的末日。1840年鸦片战争以后，中国逐渐沦为半封建半殖民地国家。

第一节　严禁民间练武

清王朝统治者和历代统治者一样,一方面加强军队的武艺训练,另一方面严禁民间练武。清廷以少林广纳明末遗臣为借口曾两度焚毁寺院。但寺僧疏散,反而更加广泛传播了武艺。清朝科举取士,重文轻武成风。《东华录》记述了雍正五年(1727)冬十一月的"上谕",其中规定"着各省督抚转饬地方官将拳棒一事严行禁止,如有仍前自号教师及投师学习者即行拿究"。

第二节　武艺在秘密"社""馆"中得到交流和发展

在起义过程中,伴随着练武活动,练武的组织以"社""馆"的形式大量出现。"社""馆"的组织在反抗民族歧视和压迫中起了组织群众、教育和训练武艺的作用。因此,当时民间秘密结"社"活动非常活跃。由于政治需要,"社""馆"把练武活动作为重要内容。"社"的组织也掩护了练武活动,使武艺在"社"的内部有机会得到交流、传授和发展。但由于迷信、保守,有的秘不公开,以致不少武艺成为传闻乃至失实。例如，腾云驾雾、飞剑取人等种种不经之谈，使人恍惚迷离。

清代，白莲教、义和团、太平天国等农民运动都重视练武活动。太平天国起义（1851—1864）促进了农民练武活动。太平天国《禁律》中规定："凡各馆兄弟，在馆无事……俱要磨洗刀矛，操练武艺。"（见《太平野史》卷七，文明书局，1923年）军中许多名将都是精通武艺的好手，如翼王石达开就会"弓箭桩""悬狮桩""连环鸳鸯步"等拳术。道光年间，他曾在衡阳授拳，教了数百人。西王萧朝贵、丞相曾天养、元帅罗大纲等人也武艺超群。天王洪秀全的妹妹洪宣娇和西王萧朝贵的妹妹萧三娘均武艺超群。女将杨二姑则能"冲锋陷阵，人莫能敌。能马上掷刀刺人，百发百中，刀长七寸，锋利无比，称飞刀神手"（见《清稗类钞·技勇类》）。继太平天国而起义的上海小刀会和北方各省的捻军也都重视练武。例如，小刀会会员常带一把一尺七寸的短刀，起义时"削竹为枪，斩木为兵"。捻军则苦练大刀、长矛。

义和团，原名义和拳，起初是民间操练拳术的结社和信奉白莲教的群众组织。早在清嘉庆年间，山东沂州和兖州、安徽颍州以及河北等地就有顺刀会、虎尾鞭、义和拳、八卦教等组织。光绪二十四年（1898），山东巡抚张汝梅给清廷奏折说："直隶、山东交界各州县，人民多习拳勇，创立乡团，名曰义和，继改称梅花拳。近年复沿用义和名目……拳民年多一年，往往趁商贾墟市之场，约期聚会，比较拳勇，名曰亮拳……此项拳民所习各种技勇，互有师承。"（见《义和团档案史料》上册，中华书局，1959年）

甲午战争前，民间习拳练武缺乏明确政治目的。例如，不少参加过义和团的老人回忆说："那时习拳，只是为了看家，或健壮身体。"也有的说："朱红灯来咱这以前，咱这里就练拳了。练拳是为了浑身灵活有劲。"甲午战争后，民族危机空前深重，民间习拳从单纯强身保家发展成带有明显政治性质的活动。例如，不少老人回忆说："人们都互相嘀咕，洋人要灭我们啦，往后不知怎么着，咱们起来干吧！"也有的说："信神拳，是中国人不随外国人。"也有的说："各座拳场都设起来了。大家都起来，在场子，就叫'团'。'义和'，是表示同身的意义。"（见《文物》所载《山东庄平、平原一带义和团调查记》一文）

义和团起义期间，也是山东、直隶（今河北省）群众性练武活动的高潮时期。这在城市也一样，如京城练拳以"童子居多"。此外，"无论士农工商，以至各行贸易之人，无不愿学"。经师传授，"立即武艺精通，身体灵爽，并刀枪器械各项技艺娴熟。各巷设立拳厂者，不胜枚举"（见《拳事杂记》）。

《拳事杂记》载，当时练武情况是"作拳势，往来舞蹈。或持竹竿、秫秸、木梃等物，长者以当长枪、大戟，短者以当双剑、单刀，各分门路，支撑冲突，势极凶悍，几于勇不可当。每演时，必聚童子数十人合练之"，"欲演拳势……即时手舞足蹈，颇极超距之能，退时则一揖而罢"。从以上的描述中明显可见，当时练的是套路技术，器械则因地制宜，因陋就简，用秫秸、木梃等物当器械，长的以代长枪、大戟，短的以代双剑、单刀。每个拳场都"各分门路"，不同风格、技术流派的拳术都允许发展。每套表演后，还"一揖而罢"。

此外，在民间还利用节日集会表演武术。例如，北方的"武会"（又名"走会"）就有白蜡杆会、开路会、少林棍会等集体表演，有棍、枪、三节棍以及单练、对练等表演。《都门琐记》载："白蜡杆者，矛也。以白木为柄，光滑如蜡，故名。会各数十人，人持一杆，至场赛技，尽诸击刺之法，分合变化，数百杆如一杆，忽左忽右，观者目追瞬之而不能及。"

《民社北平指南》叙述五虎棍会时说："此会原分二种，五虎棍为本会之正工，表演董家五虎遇赵匡胤打枣起衅，兄弟五人皆使三节棍，以相搏击，谓之五虎棍会。"少林棍会期间，"少林会表演时分单练、对练及集体练多种形式，极为热闹"。

打擂在民间也广为流传，诸如过春节或其他节日集会，擂主在公开场合搭上擂台，迎战所有的人。这种比武不用事先报名，来自各地的拳师只要地方同意就可上台比试武艺。这种比武形式传统上称为打擂台。观看比赛也不收任何费用，随来随走，来去自由。

打擂台胜利者可得到马、牛、绸缎等奖品，还要戴大红花骑马游街，以示其胜利。

参加比赛的拳师显然只求取声誉，而不是钱。特别是擂台赛的举办者必须相当富裕才能支付擂台赛的各种开支。而来自各地的迎战者，又多来自劳动人民。因此，观众多希望把擂主请的拳师打下台去，以长人民志气。

以上都说明，武术在民间有着深厚基础，深为劳动人民所喜爱，并利用各种形式把它传授、发展下去。

第三节　流派分立与分类

拳术在明代始有内、外家之说，至清代，拳的名称和派别更著于世。最初，黄宗羲的《王征南墓志铭》中始有内、外家之分，但只指内家拳与少林拳。至清代才有人把太极、形意、八卦拳划为内，少林拳等多种拳术归于外。《国技论略》载："南派……其中以太极为主，又有八卦、形意两门，与太极拳为一派。北派门类甚多，其尤著者为弹腿、查拳、八番、长拳、迷踪、二郎短打、地趟、八极、劈挂等。"《少林拳术秘诀》载："何以谓之内家，即尘世间普通之称，如佛门之所谓在家是也。外家者，即沙门方外之谓，以示与内家有别也。"

此外，还有南派、北派之说。把长江一带流传的架势小而势紧促之拳归为南派，鲁豫一带架势大而势宏敞之拳归为北派。也有人按山川进行分类，如武当派、少林派、峨眉派，或长江流域、黄河流域、珠江流域拳派等。人们还认为珠江流域武术多刚硬有力，讲究小部位动作，长江流域武术虽然也讲究小部位动作，但内容多融汇民间舞蹈成分，而黄河流域武术则更为舒展大方，柔和飘逸，跃扑激烈。

由于清代武术得到发展，拳种繁衍，分类不尽相同，但从分类中，可看出宗派在利用流派各为所用、各释其说。尽管分类混乱，却可反映出清代拳术派别林立，技术流派之多是前所未有的，这应视为武术之发展，绝不能与利用技术流派搞宗派混同。

第四节　不同风格的拳术与器械

清代较大的拳系有几十个，一般流行的套路有几百种之多。在当时有记载的武术项目中，拳术有长拳、短手、少林拳、通臂拳、大红拳、小红拳、二郎拳、路行拳、梅花拳、罗汉拳、地趟拳、关西拳、万古手、黄英手、三十看对手、打掌、潭（弹）腿、头进、六家势、二十四势、双实练、十八滚、短打、燕青、二郎飞架、三步架、醉刘唐、太极拳、形意拳、八卦掌、花拳、珠娘拳、八极拳、峨眉拳、独臂拳、节拳、金刚拳、巫家拳、神拳、穿拳、套拳、躺步锤、伏虎拳、带拳、扎拳、绵拳、查拳、劈挂、猴拳、青龙拳、大练步拳、缠丝拳、单边拳、六同拳、南拳、连拳、螳螂拳等。器械有单刀、单剑、双刀、双剑、双拐、双插子、双戟、朴刀、大刀、棍、花枪、行钩、梅花虎头钩、软鞭、硬鞭、峨眉针（今峨眉刺）、铜锤、槊、叉、斧、蔽眼抓、三节棍等。对练有棍进三节棍、空手夺三节棍、双拐进三节棍、双刀进枪、单枪戟、三头叉对镗、狼牙棒进斧等。

上述多种技术流派风格的拳术是在明末清初发展起来的。例如，太极拳是由陈氏支派繁衍成武氏、杨氏、吴氏、孙氏等不同风格的太极拳的。太极拳的不少理论著作实际多出自古代人之手，如许宣平的《八字歌》《周身大用论》《十六关要诀》《功用歌》《三十七式》，张三丰的《太极拳论》，王宗岳的《太极拳论》《十三势歌诀》《十三势行功心解》《推手歌诀》《打手要言》，李亦畬的《五字诀》《走架打手行功要言》等。这些著述使太极拳推手在理论上明显形成了体系。

形意拳最早叫心意六合拳，成拳时间约在明末清初，有人说是山西蒲州人姬际可所创，后传到河南、陕西、河北等地，《心意六合拳谱》一书是其最早的著作。形意拳的拳理是以阴阳五行学说作为基础来解释拳法变化中相生相克的关系的。形意拳还提出"三梢、三节""八要""内三合""外三合"以及不同阶段对劲力及"明劲、暗劲、化劲"等的不同要求。

八卦掌也出自清代，据传系世居河北文安县、祖籍山西洪洞的董海川（1797—1882）所创。道光中期是八卦掌发展的最盛时期，主要流传在河北文安县、定县及天津、北京一带。八卦掌是一种以掌法变换和沿弧走转为主的拳术，运动时纵横交错，分为四正四隅八个方位，与《周易》中八卦图中的卦象相似。从拳谱上看，八卦掌是明显地用卦来解释拳理，并提出"定架子、变架子、活架子"三步功夫、"入门九要"、"三大病"、"三空四坠"、"十二紧"、"十六字诀"等，既有技术要点、要求，指出易出现错误的地方，又有用劲方法、练功步骤等，说明不同拳种分别从实践到理论上都已自成体系。

第五节　整体观的武术理论形成

在我国历代长期练武实践中，积累了丰富的经验，并编成拳谱，其中有不少是从人的整体出发来研究人体运动的内在联系及其运动规律，长期以来指导和推动着武术技术的提高和发展。例如，长拳中的"八法"就体现人体内与外的矛盾。其中，"手、眼、身法、步"是指外，是对身体表面各部动作的要求，如"手眼相随"等；"精神、气、力、功"则是指内，是对精神、意识及人体内脏各器官机能的要求。例如，太极拳要求做到"先以心使身"，做到"其跟在脚发于腿，主宰于腰形于手，总须完整一气"，而后"身能从心"，"意、气、力"三者结合，"以心行气，务令沉着"，"以气运身，务令顺遂"等。这里"心""气"等指内，"运身"指外，这样把内与外结合起来，强调了对人的整体观。

南拳讲究"内练心、神、意、气、胆，外练手、眼、身、腰、马"。形意拳的"六合"则要求"内三合"与"外三合"。"内三合"是"心与意合，意与气合，气与力合"。"外三合"是"手与足合，肘与膝合，肩与胯合"。这些拳种都是从人体整体观出发，把人体的"内"与"外"结合起来进行训练，从而提高武术技术水平的。

综上所述，在漫长的历史发展进程中，历来反动统治阶级总是利用武术镇压人民的反抗和起义，并通过传授武术搞宗派，借以分裂和麻痹人民，把劳动人民创造、发展的许多拳种归于神仙、道人或封建统治者，荒诞不经之说比比皆是，特别是迷信玄学、保守思想及许多封建宗主关系的清规戒律也影响和束缚了武术发展。而劳动人民则把武术作为强筋壮骨及推翻统治阶级的工具，因此，历史悠久的武术始终充满着劳动人民的智慧。尽管武术在不同历史时期均遭统治阶级的践踏，劳动人民则在极为复杂的情况下继承和发展着武术，使中华民族的一颗宝珠得以流传下来。

第四篇 新中国成立前后的武术

第十一章　新中国成立前的武术

第一节　国民党统治区的"国术"活动

民国初期，习武开禁，拳技之风蓬勃一时。技击大师霍元甲（1868—1910），以拳术闻名天下。霍系河北沧县人，后居河北静海县小河村，家传迷踪拳（迷踪艺）。霍在武术界同人协助下于1910年在上海创办精武体操学校，后改为精武体育会（图11-1），在许多省设分会，并传播到香港地区、东南亚一带，是一个较大的武术组织，在继承与发展武术上起了积极作用。在同期，各城市还出现了许多私人拳社，据不完全统计，仅上海就有拳社30多个。各种形式的拳社多按教师特长，以传授一个或几个拳种为主，对继承武术遗产和发展武术起了一定作用。

1926年，武术改称为"国术"。1927年，钮永建、蔡元培、

何应钦等26人倡议于南京成立"中央国术馆",张之江任馆长。以后,还建立了地方的"国术馆",并规定省以下各级"国术馆"馆长均由省长、市长、县长、区长等人担任。

统治阶级利用知名武术家酷爱武术的心情,发展官办的武术馆,推行其反动政策。例如,蒋介石在"围剿"苏区革命根据地时就曾令各省反动当局在训练反革命武装时将"国术"一项列为主要术科,并要求设"国术"训练机关。(见《国术周刊》第99期所载《国术与体育》一文)

当时,军阀也积极利用武术。例如,盘踞在湖南的何键说:"国术军事化就是绝对服从命令……普及各县国术馆,借便训练社会壮丁。"在国民党这项反动措施下,不少酷爱武术者,甚至传授技术的拳师都逃不脱为反动阶级所利用。但实际上武术作为体育项目，在当时并未占有应有的地位。

从体育专业教育机构看，无论大学、学院还是师范专科学校，武术（当时称"国术"）所占学分都极少，且非每学年的必修课程。由于学生所习甚少，又不常复习，容易忘却，毕业后成了学而不用的科目。另外，体育专业教育中所设武术仅为术科，没有武术理论等内容，更为体育界所轻视。

在中小学中，大多以"师资缺乏"为由，体育课中没有武术，主管当局亦无意组织体育教师进修"国术"。

1934年编的初、高中体育教材共有24册，其中武术教材仅占7%。

在历次规定的体育课程标准中都提到过武术，但只是作为课程中的点缀品，仅有的教材也没有考虑学年、程度、难易、性别与季节因素等，使武术课形同虚设。正如当时《体育季刊》（1922年商务印书馆出版）所载《武术之讨论》一文中所指出的："武术在体育上，是否应占一有价值之地位？这一个问题，体育家尚未有暇顾及，遂使武术在不生不死状况下，苟且生活。十数年来不但无大发展，且有江河日下之势。"实际上，当时的统治者并不重视武术，使武术在体育界一直受排挤和打击。各拳社为了扩大自己的影响，广收门徒，借发展技术流派而搞宗派，技术上保守，故弄玄虚，各拳社之间争名夺利，各立门户，高额收费。统治者则利用武术界的宗派活动来分裂人民团体，麻痹人民。

可见，当时统治阶级关心武术是假，借武术达到其反动政治目的是真，因而实质上使武术遭到了摧残和破坏。

第二节　新中国成立前的武术组织

新中国成立前私人拳社的特点是规模大小不等，组织形式多样，存在时间长短不一，教授内容除少数比较正规外，多投学员所好。由于商业性明显，竞争激烈，争聘名家任教，在一定程度上促进了武术的发展，但有的弄虚作假，骗取钱财，为非作歹。为了研究或了解新中国成立前武术组织情况，下面介绍各地的主要拳社。

一、上海

精武体育会：1909年3月，河北霍元甲被聘去上海与西洋大力士奥皮音竞技比武没成，留居上海，为谋生计，在武术界同人协助下在当时华界闸北创办精武体操学校。霍元甲逝世后学校日趋衰败，在陈公哲、姚蟾伯、卢炜昌等人的赞助下，将精武体操学校迁址改办为精武体育会。活动内容有潭腿、功拳、节拳、八卦刀、五虎枪、套拳以及各种器械、对练等，有"会服、会旗、宗旨"。1911年9月，开第一次运动会，有单人、双人、集体表演，穿有操衣，观者甚多，影响较大。后各地要求派教员办分会，在上海也分设3个分会。此外，有江南分会（1928年张文德、楚嵩山筹备，1929年1月成立）、浙江分会（1911年成立于绍兴）、汉口分会（1918年7月7日成立）、广州分会（1919年4月成立）、汕头分会（1920年成立）、佛山分会（1921年成立）、香港分会（1922年成立）、厦门分会（1925年3月成立）、四川精武第一分会（1927年春在顺庆县成立）、四川精武第二分会（1928年在涪陵成立）。

在此期间，应华侨要求，陈公哲曾多次外出，因而在东南亚一带也有类似的组织。

中华武术会：1918年8月7日，在吴志清主持下，邀请王一亭、谢强功等发起创立，总会设在上海大东门外紫霞路普益社内，开始为"委员制"，1919—1924年改为"会长制"，1924年因时局变化而告停顿。1928年恢复，并改组为"委员制"，主要教授少林拳，还教查拳、滑拳、洪拳、潭腿、炮拳。1936年后，增设太极、八卦、摔跤等。

拳术研究会：1911—1921年，由汪禹承邀吴荫培等人会集当时武术界人士组成。

民生国术研究会：由会长张秉文、李慎思等发起，会址设于上海南市斜土路277号，传授对象为大同工艺社和鸿汇砂石公司的工人、职员，教授内容有刀、枪、石担等。

忠义国术社：1934年11月14日，由马如升发起，会址设于上海曹家渡劳勃生路公益场24号，教授内容有太极、形意、查拳、潭腿、对拳、刀、枪、棍、棒、剑、戟等。

武德会：由刘世昌主办，对象为一般市民，教员有肖克法、朱国福、叶云表等，设武德分会于神日青年会，延郝海鹏为教员。

新民国术研究所：由郑怀贤主办，地点在上海霞飞路，教授对象为一般市民。

暑期传习所：由唐豪主办，教授对象为体育教员，内容以"中华新武术"为主。

武思会：由吴志明发起，教员有吴鉴泉、孙树国、王子平、王凤章、肖克清、李玉林等，教授对象为一般市民。

鉴泉太极拳社：1932—1935年，由吴鉴泉、褚民谊、徐致一等发起，前后约有290人学太极拳。

上海第一公共体育场国术部：1918年，由王壮飞发起，设国术部，每年教250人左右，教授内容为少林拳。

致美拳社：1925年4月，由陈微明发起，至1935年有1200余人学习，主要教授内容为太极、八卦。

汇川太极拳社：1927—1935年，由武汇川发起，教授内容有太极枪、太极剑，共约1000人参加。

上海基督教青年会国术馆：1928年12月，由凌希陶、毕子陞发起，至1935年有200余人参加，主要教授心意拳。

上海邮务工会国术股：1928年5月，由朱学范、孙文集等发起，至1935年有400余人参加，教授内容为少林拳。

螳螂拳社：1933年2月，由卢青萍、董慧民、孙乐亭发起，至1935年有80人左右参加，教授内容为螳螂拳。

达摩国术社：1932年5月，由陈阑达、王为彩发起，至1935年约有80人参加，教授内容为太极、形意、八卦。

武当太极拳社：1926年9月，由叶大密等在法租界成立，有100余人参加。

尚德武术研究社：1928年7月，由贾铁成、叶良发起，至1935年有320余人参加，教授内容有拳术、器械。

申报震强国术社：1931年9月3日，由徐越生、潘绍岳发起，至1935年有几十人参加，教授内容有大六合和摔跤。

尚武国术研究社：1930年4月1日，由夏子刚、杨奇范发起，至1935年有147人参加，教授内容为少林拳等。

上海聚胜体育会：1933年8月—1935年，由郑子良发起，共有360人参加，教授内容有长拳、短拳，并有分会。

民众国术研究社：1935年9月18日，由潘绍越、徐越尘发起，教授少林拳、摔跤。

武学精神研究社：1935年4月28日，由曹颖甫、徐浩然发起，教授内家拳。

上海民生国术研究社：1935年12月10日，由张秉文、李慎思发起，前后教授65人，教授内容为少林拳、刀、枪等。

上海市砖灰业国术研究社：专门教授少林拳，1935年4月21日，由陈炳成、魏季江、潘世良等发起。

二、南京

中央国术馆：西北军冯玉祥旧部将领张之江多年从军倡武，深感武术之重要。1927年，西北军参加北伐，杀出潼关后，张之江以第二集团军全权代表之名，在南京大力宣传"自卫卫国、自强强种"，并在李芳辰、钮永建协助下于1927年12月10日初创武术研究所，后来改为国术研究所。1928年3月，他们募经费，征理事，戴传贤为理事长，理事70余人，改组为中央国术馆，后各省国术馆相继成立，中央国术馆馆长为张之江，李芳辰、张宪为副馆长，制订了"社会推广，扩大宣传，统一教材，培养师资"的计划，开办第一期训练班为"教授班"，后创办《国术周刊》《国术特刊》等杂志。1928年10月28日，南京进行第一届"国术国考"。1933年，在南京进行第二届"国术国考"。1929年于杭州、1933年于南京分别举行"国术比赛"。1936年8月，组织"中华赴欧考察团"去德国奥林匹克运动会表演。1937年，在上海举办武术选拔赛，1943年迁往重庆，前后约12年。后期，特别是全民族抗战开始后，在国民党摇摇欲坠的政治危机中，中央国术馆销声匿迹。中央国术馆内，"少林门"由王子平任门长，"武当门"由高振东任门长。"少林门"主要学习少林拳、查拳、潭腿、八极拳、八卦拳等，"武当门"主要学习太极、八卦等。

中央国术体育专科学校：后改名为国立国术体育专科学校，后又改名为国立国术体育师范学校，1933年设于南京，抗战中迁至长沙、桂林、昆明、北碚，后迁至天津，由张之江创办。1939年改国立，1947年设五年制师范，专科三年制。

三、江苏省

1929年4月1日于镇江开办国术示范讲习所，钮永建任馆长，钱作伊任副馆长，有学员73人。5月20日，设女子国术讲习所，有学员22人。6月24日，设业余国术露天学校，有学员

230余人，分成年班、儿童班、女生班。教授内容有太极、形意、少林拳、散打等。

四、河南省

1926年，陈泮岭创办河南全省武术会。1928年，中央国术馆成立后，相继改组，于1931年1月15日在开封改为河南国术馆，馆长为陈泮岭，副馆长为刘丕显。以后在新安、郑县、西华成立分馆。

五、四川省

重庆国术馆：1937年2月21日成立，由李宏锟担任馆长，何北衡、朱国福（教师）任副馆长，设有军训班、高级班、特别班、师资班、儿童班、青年班等。教师有郭子平、冯宝升、邓德达、王恩波、赵金才等。

冀蜀国术馆：全民族抗战爆发前夕，由张振东主办，设于重庆，教授对象为一般市民。

速成国术馆：由和尚孙本立任馆长，张充龙任教练，教授对象为一般市民，设于重庆。

武英国术学校：1936年，由张振东主办，教授对象为一般市民，设于重庆。

四川泸县国术馆：1929年6月，由泸县武术分会改组而成。同年4月，附设泸县国术学校，一年制，后停办。

六、湖南省

湖南省国术馆：抗战时期，万籁声创办技术训练所，后改为湖南省国术馆，何键任馆长，地点在长沙，教员有朱国祯、时润章、王权田、白振东等，设有师资班、儿童班，教授内容有少林拳、太极、形意、拳击等。

湖南军事训练处：1914年设于长沙，由何键负责，设有军事、技术等科目，并有教导队。技术研究班高级组以武术为主，兼有摔跤、拳击、军训、体操、劈刺等科目，二年制。教师有张玉崎、林树深、常东声、常贺新、朱国祯、马友击、李福全等，1937年停办。

国技学会：1912年创立，得到湘政府支持，近70人参加，专研拳术。

七、山东省

中华武术会：1911年，由张漉璘、宋铭之邀集有关人士在青岛组建。

军事比武传习所：1914年，由济南卫戍司令马良创办，目的是训练、培养军队教官。

武术传习所：1919年，由山东教育界创办，各县考送学生，传习各种拳术，培养各县师资。教师由马良委派，马庆云为该所"监督"，李毓深为总教习，陈慧明、马德英为教员，只办过3期，分往各县学校。

马良技术队：1919年，在济南成立。

黄县国术研究会：1926年，由丁子成发起创办，后并入黄县县立民众教育馆健康部。河北沧县李书文、烟台宫宝田等均教过课，项目有形意、八卦、太极、六合螳螂拳、七星螳螂拳、罗汉拳、八极拳、劈挂拳、洪拳等。

八、河北省

保定军官学校：1918年，增设武术课程，教员有毛维翰、朱清元等5人，培养军官。

九、北京

武术教传所：1917年，由军阀政府陆军部主办，教师由马良派去王永安、陈正和担任，学员毕业后回军队。

北京体育研究社：1918年，增设"中华新武术"，马祚春任教练。

体育研究社：民国初年由许禹生邀集武术界同人在北京创办，教授对象为一般市民，不久在北京设分社。

武术传习所：民国初年由王志襄、顾石君在北京创办，教授对象为一般市民。

十、天津

中华武士会：1911年，在天津河北三条石成立，叶云表为会长，李存义为副会长，教授对象为一般市民，在北京设分会。

武术传习所：由天津王书筠、华正岭等主持，学员由各县考送，学习"中华新武术"，教员有于振东、武振华等。1920年，第一期学员毕业后分派至各县任教。

第三节　国民党统治区历届武术运动会

1923年4月，上海西门公共体育场举行了"全国武术运动大会"。武术名将何玉山、杨德卿、李蔚亭、高凤岭、于斐堂、张凤岩、吴鉴泉、王子平、许禹生、刘彩臣、于振声、高振东、刘百川等参加表演。

1928年10月28日，中央国术馆举办"第一届国术国考"，在南京公共体育场举行，参加者是国术馆的教师和学生，先比赛刀、枪、剑、棍、拳，及格才能参加。击打项目有散手、短兵、长兵、摔跤。采取双淘汰制，三打两胜，在长方形的场地进行。打法不讲流派，散手不依体重分级，临时抽签，分组比赛。规则的要点：凡用手、肘、脚、膝击中对方任何部位为得一点，三打两胜；凡击中对方眼部、喉部、裆部为犯规，犯规3次，取消比赛资格，严重者，一次取消资格。没有任何护具。短兵制用专用的安全器械，两人为一对互刺，击中对方任何部位作为得一点，三打两胜。"第一届国术国考"比赛进行了10天。

1929年，在杭州和上海举行了两次"国术比赛"，参加者临时推荐或自己报名。项目只有散手。规则规定以打倒对方为胜，无时间限制，最后打到一方认输才结束，所以有人称此为"拼命比赛"。通过这两次比赛解决了一个问题，即武术神秘化得到一定的打击，如铁砂掌、铁布衫、铜头、铁裆、不出山的剑仙、名家圣手、比赛专家等没有什么了不得，要想取得成绩，还得实践。

1933年，在南京举行了第二次"全国运动大会"，地址在南京中山门外中山陵下灵谷寺侧"中央运动场"。此次大会原计划1931年举行，因大水灾及九一八事变而延期到1933年。这是第一次综合性的武术比赛。项目有散手、长兵、短兵、摔跤和套路表演赛。散手以性别分组，以体重分级，有护具，用棒球的护胸和足球的护腿进行保护；头和裆是禁区，击中者算作犯规；以将对方击倒为胜一次，三次两胜，没有时间限制。比赛结果成了没有摔跤的摔跤，一场比赛有的时间竟达一小时以上，当时的报纸评为"国术场成了斗牛场"。

1933年，中央国术馆在南京举办"第二届国术国考"，大部分省市都派了代表参加，人数不限，所以有的单位代表竟达百人，有的只有少数人参加。项目有男女散手、男女短兵、中国式摔跤和国际拳击。散手以点到为止，没有时间限制，仅用手和脚击中对方任何部位为得一点，有的只用脚尖踢中对方或以手指摸到对方的头发也算得一点，双方均不敢轻易进攻，只得躲躲闪闪，跳过来，蹦过去，当时的报纸评为"国术场成了斗鸡场"。

1935年10月，"第六届全国运动会"在上海市运动场举行，有全国各省市以及菲律宾、爪哇、马来亚华侨等的38个单位参加。比赛项目有拳术、器械、摔跤、射箭、弹丸、举重等。在开幕式上，上海3000名小学生表演了太极拳。

1948年5月，在上海江湾体育场举行了"第七届全国运动会"，上海3000名高小学生表演了太极操。武术项目还有拳术、器械、套路表演。武术表演的规则是：表演成绩以姿势、动作及运动3种为标准，每种均以100分计算，再以3种之总分平均之，即为应得之分数。

第四节　解放区的武术活动

在中国共产党领导的解放区，为增进人民健康开展了多种多样的体育活动。例如，川陕省军区曾号召加强对群众的军事、体育训练工作，提倡武术，学习射击，各地要建立练武场，进行武术练习和竞赛。延安中央党校学员开展的体育项目中还有太极拳。有的学校还把武术中的"小红拳""花枪"等列为体育学习内容。在运动会中也多有武术表演。例如，1940年三八节在延安举行的妇女运动会上就有武术表演。延安百余名妇女自卫队身背大刀、肩扛红缨枪，集体表演了3套"大刀舞"。

此外，晋东南各县于1941年举行的春节体育比赛和1942年在延安举行的"九一"扩大运动会上均有武术表演，其中有挥舞丈八大杆、舞刀和摔跤等。

解放区为增强广大人民体质服务的朴实无华的武术活动，与国民党统治区的"国术"活动形成了鲜明对比。

第十二章　新中国成立后的武术

第一节　初创阶段（1949—1955）

新中国成立后，武术被当作优秀的民族文化遗产加以继承和发展，从根本上改变了过去无人过问、任其自流、愚昧落后、不死不活的状况，使武术作为运动项目朝着民族的、科学的、大众的方向前进。

1949年，朱德在中华全国体育总会筹备会议上指出要广泛地采用民间原有的许多体育形式。1950年，中华全国体育总会成立后不久，在北京召开了武术工作座谈会，把武术提上了新中国体育工作的议事日程。1952年冬，正式把武术列为推广项目。中央人民政府在设立体育运动委员会（国家体委）时，又在体委设立了专门机构——民族形式体育运动委员会，负责根据党对民族文化遗产实行取其精华、去其糟粕、推陈出新、百花齐放的政策，对武术进行领导。1953年11月8—12日，在天津举行了第一次全国民族形式体育表演及竞赛大会。这是新中国成立以来第一次民族体育运动大检阅，参加这次大会的有六大行政区、内蒙古自治区及中国人民解放军、火车头体育协会等9家单位，会集了汉、满、蒙、回、维吾尔、哈萨克、塔塔尔、苗、傣、朝鲜族等10多个民族的选手，共表演了332个项目，仅拳术就有少林拳、武当拳、八卦拳、太极拳、通臂拳、螳螂拳、绵拳、猴拳等139种之多。会后还组织了赴京表演团，在北京中南海怀仁堂及各部委、院校做了汇报表演，党和国家领导人给予了很高评价。

1954年，中央体育学院竞技指导科武术队培训了新中国成立初期的武术骨干。各地体育院系也把武术列为正式课程，聘请了许多老武术家从事教学训练和研究工作，为继承和发展武术做了一定准备。

1954年，中华人民共和国体育运动委员会设立了专门机构，由中国武术史考证家唐豪等负责整理研究体育史料，其中包括武术史料，并出版了10多期《中国体育史参考资料》。

武术长期受封建社会的影响，又由于反动统治阶级人为地分化、离间武术界的团结，制造宗派和封建的尊卑观念，使武术蒙上了玄虚、神秘、保守落后的色彩，部分项目和动作甚至有损身体健康，亟待整理和改进。为此，武术界加强了政治思想领导，并在组织上进行了整顿。武术工作者在党的帮助下，批判了保守思想，基本上打破了门户之见，清除了反科学、有害健康的锻炼方法，按贺龙提出的"发掘、整理、提高、推广"的方针，使武术开始沿着正确的方向发展。

第二节　稳步发展阶段（1956—1965）

1956年春，刘少奇指示国家体委要加强研究、改革武术、气功等我国的传统体育项目，研究其科学价值，采取各种方法传授、推广。1956年4月28日通过的《中华人民共和国运动竞赛制度的暂行规定（草案）》把"武术列为表演项目，定期举行"。同年秋，在北京举行了全国12家单位武术表演大会。大会期间，国家体委主任贺龙、副主任蔡树藩分别接见了参加大会的老武术家。荣高棠主持了大会，并指出："在武术项目推广上，从实际出发，首先抓住全国发展比较普遍的项目，作为研究发展的重点，逐步整理武术技术，建立运动制度。"

在整理研究武术方面也开展了许多工作。例如，国家体委重点研究了太极拳、长拳、刀、枪、剑、棍等项目；生理学家对参加1956年全国十二单位武术表演大会的运动员做了生理测定；对武术性质及个别项目的起源、演变过程、发展方向、锻炼效果、锻炼方法、比赛规则等问题，在报刊上展开过广泛的探索、讨论；出版了许多武术专著、挂图、画册，并翻印了一部分有价值的武术古书。1957年1月17日通过的《国家体委关于1956年工作总结及对1957年工作要求》中指出："凡是爱好武术的，都可以像其他项目一样，自愿地组成锻炼小组或单位进行锻炼。各地可以举办武术表演。"

为了广泛宣传和推广武术运动，国家体委不仅多次举办竞赛、表演，而且在北京、上海、天津、武汉、大连、浙江等18个省市还组织了武术协会、武术研究会或武术指导小组。国家体委还连续举办过多次全国性武术训练班和学习会，如职工和青少年业余武术训练班、1957年在北京召开的全国武术学习会等。1958年，在北京成立了全国性的武术群众组织——全国武术协会。国家体委还在1957年2月向体育学院提出的工作要求中指出："武术在北京、武汉、成都等有师资条件的体育学院，要于下学年度开始列为选修课。"1959年，还举办过全国武术学习会及全国武术裁判员训练班。

自1960年开始，各省区市纷纷成立了武术运动队，业余体校也增设了武术班，与体育学院共同培养武术专门人才。大、中、小学也把武术列为体育教学内容。各地武术协会设立了各种形式的武术辅导站，武术成了广泛的群众运动。

1960年，中国武术团首次出访，向国外介绍和宣传了武术，增进了与外国人民之间的友谊。

武术从1957年起正式被列为国家竞赛项目，之后每年都举行全国性武术竞赛和表演。例如，第一届全国运动会就把武术列为竞赛项目。为了解决各拳种、器械在同等条件下进行比赛的问题，国家体委从1958年开始制定第一部武术规则。规则主要以长拳、太极拳、南拳为竞赛对象，有动作内容和数量的要求，有时间规定和动作规格要求，促进了杨式太极拳、长拳和南拳的发展。特别是规则允许和鼓励创自选套路，因而发挥了运动员编拳演练的独创性，同时对套路动作、组合动作以及难度、布局等都有了不同程度的突破，逐步形成了适合青少年锻炼的一种新的流派。但传统套路却因规则的局限性在一定程度上受到排斥，挫伤了部分老拳师的积极性，致使不少拳种濒于失传。

第三节　畸形发展阶段（1966—1976）和继承、创新、大发展阶段（1977年以后）

在十年动乱期间，武术和其他事业一样，也遭到打击和破坏。广大武术工作者被扣上"反动学术权威""封建遗老遗少"的帽子，武术被全盘否定，大量古老的拳谱及武术书籍被抄毁，武术器械被收缴，对仅存的一些武术项目也通过所谓审查，用舞台化的各种动作硬套在传统技法中，致使武术发展长期偏离正确的民族方向。特别是在极左思潮影响下，武术不准谈"技击""劲力""攻防方法"，而"语录拳""忠字拳"等则大量出现，并在各地传播、推广，出现了偏离武术特点的情况，使武术处于"百花凋零"的状态。

粉碎江青反革命集团后，武术有了生机。国家体委为了挽救武术，弥补十年动乱给武术造成的损害，乘身怀技艺的老拳师尚在世时，及时发出了《关于发掘整理武术遗产的通知》，要求"各地体委一定要对武术的继承、发掘、研究、整理工作给予足够重视，有号召，有要求，有措施，作出成果"。由于充分发挥了老武术工作者、老拳师和专业武术队的骨干作用，武术界紧密团结合作，为开创中华武术的新局面做出了贡献。

1979年，国家体委发出了上述通知后，又组成了武术调研组到13个省市进行了较广泛的考察。同年5月，围绕挖掘、整理武术遗产，在南宁举行了全国武术观摩交流大会，来自全国29个省区市和香港、澳门等地的284名运动员表演了各种流派的拳术达510项之多。这次大会表演了多年被埋没的拳种，那些技击对抗的散打、短兵也在大会做了尝试。后来，连续3年举行全国武术观摩交流大会，对挖掘、整理武术遗产都起到了较好作用。各省区市也组织人员走访老拳师，鼓励他们献技、献艺、献资料，有的整理成书，有的录像或拍成电影。1980年4月，在北京召开了全国武术工作座谈会，会上肯定了30年来的武术成绩是主要的，并明确业余体校武术班要保留。1982年12月5—11日，在北京召开的全国武术工作会议是规模最大的一次武术工作盛会，除老拳师外，还有教授、研究员、学者专家及来自28个省区市的代表与会。会议期间，党和国家领导人在人民大会堂接见了与会者，国家体委副主任徐才做了题为"团结起来，共同奋斗，开创武术新局面"的报告。会后，国家体委主任李梦华对武术工作还做了重要指示。

随着武术的广泛开展，来我国学习、考察武术的外国人也日益增多，要求我国派武术专家出国教学的也不少。新中国成立以来，我国组成武术代表团先后到过美国、日本、英国、法国以及东南亚国家等40多个国家进行访问表演，对扩大我国武术影响、增进各国人民之间的友谊起了积极作用。武术越来越受世界各国人民喜爱，据不完全统计，有20多个国家和地区开展了武术活动，不少国家建立了武术组织，武术正在走向世界。

第四节　历届武术表演比赛

　　1953年全国民族形式体育表演及竞赛大会。1953年11月8—12日在天津举行，参加武术表演的有西南区、中南区、西北区、东北区、华北区、华东区、内蒙古自治区、中国人民解放军、铁路的9家单位13个民族197名男女运动员，观众达12万人次，表演了332个节目，仅拳术一项就有少林拳、武当拳、八卦拳、太极拳、通臂拳、螳螂拳等139种。这次大会对消除武术界的宗派观念起了一定作用，并提出了有计划、有步骤开展武术的方案。

　　1956年12家单位武术表演大会。1956年8月1—7日在北京市举行，参加表演的有北京、上海、河北、山东、湖南、天津、辽宁、四川、湖北、浙江、陕西等的单位92名运动员。评选项目包括拳术、器械二类，以成绩最优的一项评奖。在这次运动会上一致认识到应举行刀、枪、剑、棍和拳的比赛，反对用体操形式改造武术，提出要培养新生力量。

　　1957年全国武术评奖观摩大会。1957年6月16—21日在北京市举行，参加的有27个省区市183名男女运动员，评奖的项目包括拳术、器械二类，以二项平均成绩评奖。这次大会还提出了除长拳类外还要发展传统项目的建议。

1958年全国武术运动会。1958年9月7—16日在北京市举行，参加比赛的有27个省区市260名男女运动员，评奖项目包括拳术、器械二类，以二项平均成绩评奖。表演项目有拳术、器械、对练。这次大会的第一个特点是不少运动员创造了新的套路，规定每个运动员都要参加形意、八卦、短器械的刀、剑的比演。第二个特点是在各地运动员的评比中，评分不相上下，特别是在综合拳术比赛中，获一等奖的优秀运动员具有动作敏捷、准确、技术纯熟、练起来得心应手的共同特点，标志着我国武术技术水平已有了提高。

1959年全国青少年武术运动会。1959年3月22—27日在北京市举行，参加比赛的有25个省区市197名男女运动员，进行了9场978项比赛和表演，其中包括长拳、南拳、太极拳、形意拳、八卦拳等拳术，还有刀、枪、剑、棍、鞭等器械类表演，按各自拳路表演。裁判员则根据技术熟练、精神贯注、姿势正确、动作灵活、起伏转折、动作分明、发劲适当、耐力充足、结构适当、内容充实等规定来评分。满分为10分。吉林省安天荣的龙形剑、上海市李福妹的八仙剑、黑龙江于立光的长拳、山东赵范德的秘踪四路和查拳等都获得好成绩。这次运动会中新手占81%，表演了许多新颖悦目的套路。过去是一个套路至多走6趟，包括四五十个动作，这次一般都走8趟，甚至10趟，包括八九十个动作，运动量大增。过去练长拳的不练太极拳，但由于比赛规程规定少年至少要打3种类型的拳，所以都打破了门户之见，长拳、太极拳、长兵、短兵样样展示，全面发展了十八般武艺。

中国人民解放军第三届体育运动大会。1959年3月28日—4月7日在南京市举行，参加比赛的有空军、铁道兵、北京、南京、济南、沈阳、福建、广州、新疆的运动员。比赛成绩取团体总分、四项全能。单项比赛包括长拳、太极拳、长器械、短器械。表演项目有拳术、器械、对练。

中华人民共和国第一届运动会（武术部分）。1959年9月22—26日在北京市举行，参加比赛的有25个省区市172名男女运动员。这届全运会第一次有了新的规则，使长拳类有了飞跃提高。主要的特点是：(1)比素质和速度，对套路有进一步的提高；(2)冲击了武术的保守思想；(3)促进了传统套路的提高。

1960年全国武术运动会。1960年9月18—25日在郑州市举行，参加比赛的有23个省区市192名男女运动员。比赛成绩是团体总分取3名，全能名次是男女分开评，单项比赛包括长拳、南拳、太极拳、长器械、短器械。表演项目评一等奖、二等奖、三等奖，表演的项目有200多种。这届运动会的特点是套路中高难动作多，讲究跳得高、落得稳。第一届全运会的比赛套路仅是一般动作，难度大的动作每套只有一两个，而这次运动会的套路中高难动作大都有10多个，如腾空、翻转、云手等。这次全运会上获得全能名次的12名男女运动员中有11名是14~20岁的青少年。

1963年15家单位武术及射箭锦标赛（武术部分）。1963年10月15—19日在上海市举行，参加比赛的有来自上海、吉林、山西、陕西、江苏、安徽、山东、宁夏、辽宁、广西、云南等的83名运动员。在比赛中表演了各种流派的长拳和传统项目，如黑龙拳、燕青拳、少林拳、华拳、查拳、八方拳、醉拳、猴拳、螳螂拳、南拳、太极拳，还表演了刀、枪、剑、棍、九节鞭、梅花双刀、春秋大刀、双剑、双钩、醉剑等。这次锦标赛中，安徽陈道云获得女子全能冠军，男子全能冠军由辽宁徐其成蝉联。8个单项冠军是长拳徐其成（辽宁）、南拳冯如龙（上海）、太极拳杨炳成（上海）、枪术牛怀禄（山东）、棍术郭省聚（安徽）、剑术于天堂（山东）、刀术徐其成（辽宁）、传统套路邵尊康（上海）。

1964年19家单位武术及射箭锦标赛（武术部分）。1964年9月12—16日在济南市举行，参加比赛的有北京、上海、广东、福建、安徽、广西、四川、江苏、宁夏、山西、陕西、山东、黑龙江、吉林、辽宁、河北、新疆、浙江、北京体院等19个单位135名运动员。比赛分甲、乙组进行。甲组男女运动员必须参加六项全能比赛，其中包括两项规定套路（刀、枪、剑、棍）、三项自选套路（拳、长器械、短器械）、一项传统套路。各项按成绩取前6名，不计团体名次。乙组则参加表演，不计名次。从比赛中看出，武术水平有了较大提高，出现了不少难、新的组合动作，过去全国比赛从未出现的"龙头大拐""双镰"等项目，这次也有表演。这次比赛评分比以前严格，实行1963年规则中的补充规定，着重评动作的准确、完整、劲力、节奏、形象，并第一次规定套路要在1分45秒或2分30秒内完成。但不少运动员仍能打出较高水平，如安徽徐淑贞不仅单项成绩突出，全能项目也取得了优异成绩。各地选手在技术上表现了不同的风格。例如，上海新手郭佩佩继承了南方的舒展大方、动作细腻的风格；浙江、新疆、河北、北京体院参加比赛的运动员，南拳北腿，各有特长；山东男队、安徽女队进步突出，动作准确，稳定性强，在发掘传统项目的基础上，套路内容的结构更加丰富多彩；等等。

中华人民共和国第二届运动会（武术表演）。1965年9月20—24日在北京市举行。来自各地的17个代表队78名各族男女武术运动员进行了260多场表演。这次武术表演项目不受以前制定的武术竞赛规则的限制，因此内容丰富多彩，充分显示了我国历史悠久的武术在推陈出新的基础上又有了发展。各地选手表演的刀术、剑术、棍术及各种长、短拳术，在难度和动作的安排等方面都比过去有了很大提高。安徽陈道云的拳术动作协调优美。山东牛怀禄的枪术准确有力而大方。辽宁徐其成的刀术刚中有柔。参加这次表演的选手全部是年轻运动员，最小的只有12岁。这次大会的特点是以表演的形式出现，对新的规则和竞赛制度进行了革新。

1972年全国武术表演大会。1972年11月在济南举行，参加的有21个省区市和体院的代表队以及湖北、青海、内蒙古的3个单位的代表，共360余名男女运动员，其中有汉、回、傣、壮、彝等民族运动员，年龄最小的不足7岁，最大的76岁，17岁以下的少年运动员占70%以上。这次表演的项目有1000多个，其中包括规定项目和传统项目，以及各种拳种和剑术、刀术、枪术、棍术等多种器械的单练和对练。这次大会一是规模大，二是技术又有了新发展。（1）自选项目套路在结构、难度、腾空和跳跃上有很大发展，出现了旋风脚接各种步型；（2）动作突出"快"字，使节奏更强；（3）运动员大胆创新，勇于突破，女子成年组上海市郭佩佩表演的自选棍术、男子成年组杨承冰表演的自选枪术和女子成年组安徽陈道云表演的自选剑术，大胆创新，勇于突破，达到了新的水平。此外，男子成年组江苏省王金宝表演的自选拳术、辽宁省运动员徐其成表演的自选刀术、山东省王常凯表演的自选剑术，也都有独到之处。这次大会号召武术运动员下基层表演，并第一次出现集体基本功表演。

中华人民共和国第三届运动会（武术部分）。1975年9月13—25日在北京市举行，有318名武术运动员参加。这届全运会既取全能名次（依规定拳、规定枪、自选拳、自选器械和表演五项总分之和而定），也取单项名次（规定拳、自选拳、自选剑、自选刀、自选棍、自选枪、规定枪）以及团体、集体表演名次。这届运动会在技术上突出了舞蹈和技巧，集体表演也比较突出。

1976年全国武术汇报表演大会。1976年8月27日—9月7日在哈尔滨市举行，参加的单位有25个，进行了4场36次表演。黑龙江120名运动员集体表演太极拳，并第一次出现了3人三节棍对练。

1977年全国武术比赛。1977年8月8—12日在内蒙古临河举行，参加比赛的有27个单位，有378名运动员表演1485个项目，其中不同种类、不同特点的拳术和器械就有60多个。就拳术而言，除长拳外，还有太极拳、南拳、八卦拳、通臂拳、翻子拳、鹰爪拳、螳螂拳、猴拳、地趟拳、戳脚及二路拦截等。这次大会的人数、项目之多，拳种之丰富多样，在武术比赛史上是空前的。这次比赛分甲、乙两组，取团体、单项、集体项目名次。这次大会中群众创编套路17套，有民兵拳、劳动拳、社员武术操等等。

1978年全国武术比赛。1978年10月15—29日在湘潭市举行，参加的有27个省区市和北京体院的28个代表队，男女运动员430余人，其中半数曾多次出国访问。大会还规定每个省区市特邀两名优秀的民间老武术运动员参加表演。参加这次武术比赛的运动员中绝大多数是青少年。

1979年全国武术观摩表演大会。1979年5月10—15日在南宁市举行，参加的有29个省区市和香港、澳门地区的31个单位，包括回、蒙、汉、苗、藏、傣、纳西等7个民族333名男女运动员，其中有北京体院、武汉体院和部分地区的武术名流、专家50多人特邀出席表演。在特邀代表中，有来自少林拳和陈式太极拳发源地的河南嵩山少林寺和温县陈家沟的代表，运动员中最大的94岁，最小的16岁，平均年龄47岁，6天一共表演了545个套路式项目。传统拳术表演有各种流派的长拳、太极拳、南拳、形意拳、八卦拳、通臂拳、翻子拳、地趟拳以及猴拳、螳螂拳和各地独特风格的拳种，器械表演除刀、枪、剑、棍外，还有过去罕见的羊头棍、子母钺、大枪、月牙铲、锤、耙、双头镖、两人进攻练习的对练套路等。武术技击的散手、短兵、气功和硬功的特技，在大会上也做了精彩的表演。特技表演有掌力碎石、油锤灌顶、耳门击石、双峰贯耳、刀击胸、钉山打石、卧刀、卧叉、铁尺拍顶、铁鞭拍身、腹部跳人（香港），用拳、砖、棍击胸和腹部，以及飞刀、手插钢钉、身压千斤重物等。经过观摩表演，大会共评选出一等奖50人、二等奖70人、三等奖94人。

中华人民共和国第四届运动会（武术部分）。1979年9月17—23日在河北石家庄举行，参加的有来自全国28个省区市，包括壮、彝、傣、回、汉5个民族的336名运动员，进行了甲组拳、自选拳、自选长器械、自选短器械、其他拳术或器械、对练等6个项目的单项和个人全能共1916项比赛，还有40名特邀代表进行了民间优秀传统项目和散手、短兵表演。运动员中最大的81岁，最小的仅12岁。这次武术比赛正式实行了修改后的武术竞赛规则，强调武术的动作规格和基本功，突出攻防意识和技击特点，对一些非武术动作做了明确的限制，对武术事业的发展起到了促进作用。

主要参考资料

书　名	编著者	书名	编著者
《国技概论》	卞人杰	《拳师传》	胡朴庵
《国技论略》	徐哲东	《乐游感想录》	张之江
《国术概论》	吴图南	《少林武当考》	唐范生
《国术与体育》	张之江	《字门正宗》	胡遗生
《国术与国难》	张之江	《武锋》	陈公哲
《国术理论概要》	吴志青	《精武文库》	欧声白
	侯敬舆	《精武本纪》	陈铁声
	异　军	《武术汇宗》	万籁声
《科学化的国术》	吴志青	《达摩派源流拳诀》	汤　显
《国术革命札记》	田敬宏	《武术发展史》	陈公哲
《国术论丛》	翁国勋	《拳术指导法》	金一明
	朱国福	《拳剑指南》	中央国术研究会
《张之江先生国术言论集》	张之江	《拳术学教范》	陆师通
《中国体育概论》	郝更生		陆师凯
《中国体育史》	郭希汾	《拳艺学初步》	朱鸿寿
《国术史》	李影尘	《拳术基本练习法》（上、下册）	孙粹亚
《中国之武士道》	饮冰室主人	《国术源流考》	褚民谊
《技击余闻》	林　纾	《技击准绳拳术教科书》	薛巩初
			徐愚忻

书　名	编著者	书名	编著者
《实验拳法讲义》	朱鸿寿	《燕青拳法写真》	许通青
《河南省自治训练所》	郭治芬	《燕青手》	吴维翰
《拳术讲义》(附图)	李明福	《燕青拳全图》	王怀琪
《写真拳械教范》	黄柏年	《忠义拳潜》	樊一魁
《国术教范》	金象鼎	《考信录》	徐哲东
《拳术指南》	朱鸿寿	《穿拿拳》	胥以谦
《国术教本》	谬省飞	《秘宗拳》	姜容樵
《剑术基本教练法》	吴　突	《写真秘字拳》	姜容樵
	周　烈	《南拳入门》	许太和
《应用武学问答》	周子觉	《香萍林》	姜容樵
《国术归宗》	朱国福	《八极拳》	缪　杰
《国技大观》	向恺然	《罗汉拳》	朱霞天
	唐　豪	《五虎枪》	仙山精武会
	陈铁生	《大梨花枪图说》	程人骏
	卢炜昌	《写真太师虎尾鞭》	姜容樵
《国术大全》	杨奎元（校）	《写真太师水磨鞭》	姜容樵
《武艺精华》	汤　显	《童子军使用棍谱》	精武体育会
《中国技击精华》	金一明	《单刀法图说》	程宗猷
《中国武术秘传》	孤　犸	《长枪法图说》	程宗猷
《拳术精华》(广东派)	金佳福	《青萍剑图说》	南京中央国术馆
《十八般武艺工力学》	陈公哲	《梅花刀图说》	南京中央国术馆
《女子拳法》	滕学琴	《七星剑图说》	吴志青
《中华新武术》(拳脚科)	马　良	《剑经、拳经、长枪牌筅》	向恺然
《中华新武术》(附图)	马　良	《龙形剑》	金一明
《中华新武术》	马　良	《炮拳图说》	吴志青

书　名	编著者	书名	编著者
《罗汉拳图形》	朱霞天	《中国武术学概要》	雷啸天
《先天罗汉拳十八手图解》	姚　民	《中国兵学大全》	李浴日
《脱战拳全图》	王怀琪	《国术源流考》	褚民谊
《达摩剑》	陈铁生	《国术丛书》	褚民谊
《君子剑》	金一明		凌善清
《昆吾剑谱》	陈陵雷	《精武文库精武丛书》	欧声白
《写真昆吾剑》	姜容樵	《武铎精武丛书》	陈公哲
《剑法图说》	宋赓平	《宣言演说之资料》	陈铁生
《剑法真传》	宋仔凤	《峨眉派武术及其史的研究》	唐　豪
《武当剑法大要》	黄元秀	《武当派武术及其史的研究》	唐　豪
《三十二势长拳》	金一明	《少林派武术及其史的研究》	唐　豪
《椎桩拳术秘诀》	运　洞	《唐豪武术文存》	唐　豪
《拳术》	向恺然	《中国武艺概论》	唐　豪
《花拳总讲法》	甘凤池	《中国体育史参考资料》	唐　豪
《接拳图说》	付秀山	《少林拳术秘诀考证》	唐　豪
《查拳图说》	南京中央国术馆	《行健斋随笔》	唐　豪
《六路短拳图说》	吴志青	《国术概论》	王成章
《练步拳图说》	吴志青		许经纬
《中国民族体育国笈考》	唐　豪	《内家拳的研究》	唐　豪
《中国武艺图笈考》	唐　豪	《精武外传》	罗啸敖
《国术教材》	董世钧	《武林见闻录》	何小孟
《中国历代体育活动分类》	吴文忠	《技击珍闻》	姜容樵
《中国武术资料集刊》	教育部	《岭南武术丛谈》	朱愚斋
《体育史》	吴文忠	《国术名人录》	金恩忠
《拳术意见百则》	卢炜昌	《武林知闻录》	黄汉勋

书　名	编著者	书名	编著者
《太极拳考信录》	徐哲东	《吴鉴泉氏的太极拳》	陈振民
《江苏省国术年刊》	江苏国术馆		马岳梁
《精武会五十年》	陈公哲	《孙氏太极拳》	屠　浩
《精武内传》	罗啸敖	《太极拳谱》	徐　震
《太极拳源流记》	徐哲东	《太极拳释义》	董英杰
《太极拳与内家拳》	唐　豪	《太极拳精鉴》	郑天熊
《廉让堂本太极拳谱考释》	唐　豪	《太极拳学》	董子祥
《太极拳谱内外功研究录》	施洞梅	《太极拳秘要》	陈微明
《戚继光拳经》	唐　豪	《太极正宗》	吴志青
《太极拳经验谈》	黄云秀	《太极拳》	吴图南
《太极拳内劲外功精义》	潘作民	《太极拳教材》	陈泮岭
《太极拳九诀注解》	吴孟侠	《太极拳图解》	蔡沮中
《太极拳纵横谈》	陈广智	《太极拳图解》	褚民谊
《太极拳经研究》	唐　豪	《最新太极拳图说》	王冈亭
《陈氏太极拳汇宗》	陈溃甫	《张三丰和太极拳》	黄耐之
《陈氏世传太极拳术》	陈子明	《太极拳蕴真图解》	宋史元
《陈氏太极拳入门总解》	陈溃甫	《太极拳发微》	徐哲东
《陈氏太极拳图说》	陈　鑫	《太极拳讲义》	陈微明
《太极拳全书》	曾照然	《练习太极拳》	王冈亭
《太极拳练习法》	黄　卷	《弹腿》	赵连和
《太极拳书》	李先五	《弹腿讲义》	马永胜
《太极拳论闻微》	潘作民	《北拳汇编》	陆师道
《太极拳动作解说》	杨禹廷		陆同一
《太极拳棍源考》	唐　豪	《弹腿十路》	南京高等师范学
《吴家太极拳精义》	吴公藻		校体育研究会

中国武术史

书　名	编著者	书名	编著者
《十路弹腿》	李克宽	《太极拳术》	朱霞天
《十二路弹腿新教授法》	王怀琪	《太极拳法的十二个基本要则》	卞人杰
《单练弹腿图解》	王怀琪	《太极拳讲义》	田镇峰
《弹腿图说》	何光铣	《太极拳》	孙剑云
《双人弹腿》	王怀琪	《无极姿势摄影总图》	吕一素
《六合弹腿图说》	吕光华	《无极拳谱图说》	吕一素
	朱同福	《陈氏太极拳图说》	温　果
《教门弹腿图说》	吴志青		陈　鑫
《弹腿十二路挂图》	陈铁生	《太极拳图说》	金倜生
《少林拳术秘诀》	尊我斋主人	《太极拳势图解》	许禹生
《少林拳》	金一明	《太极拳刀枪剑杆合编》	陈微明
《少林十二式》	许禹生	《太极剑附太极长拳》	陈微明
《少林七十二艺练法》	警　钟	《内家拳太极功玄玄刀》	吴图南
	全思忠	《新太极拳书》	马永胜
《少林拳图解》	金佳福	《新太极剑书》	马永胜
《少林拳法图说》	朱鸿寿	《太极操特刊》	褚民谊
《少林棍法阐宗》	程宗猷	《太极操》	褚民谊
《少林棍法真传》	朱霞天	《太极操说明及口令》	褚民谊
《少林白眉棍法》	程宗猷	《太极操改本》	顾庭伯
《少林棍法图说》	程宗猷	《太极拳法阐宗》	王新午
《少林双刀》	郭君粹	《太极拳正宗源流》	吴志青
《太极拳讲义》（上、下篇）	姚馥青等	《太极拳译解》（两仪图）	仁　轩
《太极拳学》	孙福全		彭广义
《太极拳谱程董辨伪合编》	徐哲东	《科学化的太极拳》	吴图南
《太极拳体用全书》	杨澄甫	《形意拳源流》	朱国福

书　名	编著者	书名	编著者
《写真形意母拳》	姜容樵	《十字战》	陈铁生
《拳意述真》	孙禄堂	《六通短打图说》	金一明
《形意拳初步》	李剑秋	《写真鞭枪大战》	姜容樵
《形意拳学》	孙禄堂	《吴陈比武》	陈公哲
《形意拳讲义》	薛　颖	《拳术速式法》	汤　显
	高志仁	《厦门精武特刊》	厦门精武会
	蒋馨山	《中国科举时代之教育》	陈东成
《形意拳讲义》	潘健民	《清代考试制度》	章中如
《形意五行拳图说》	凌善清	《国术比赛规则》	南京中央国术馆
《形意拳谱五纲七言论》	靳云亭	《国术考试要览》	张之江
《形意拳谱》	宝显延	《国术考试条例》	南京中央国术馆
《形意拳图解》	许光羽	《国术考试细则》	南京中央国术馆
《形意五行拳图说》	凌　桂	《各级国术馆组织大纲》	南京中央国术馆
《形意杂论种八式拳合编》	姜容樵	《汤氏拳法（达摩拳）》	汤明超
《形意拳秘法》	高降衡	《达摩派拳诀》	汤　显
《写真八卦奇门剑》	姜容樵	《石头拳术秘诀》	郭粹亚
《写真八卦奇门枪》	姜容樵		金一明
《顺手拳术》（上、下册）	黄宝享	《北拳汇编》	陆师通
《合刊附正骨止血法》	梅占青		陆同一
《擒拿》	邓德达	《对击拳》	郭粹亚
《点穴秘诀拳敌全书》	景　林	《练步拳》	吴志青
《擒拿法真传秘诀》	徐畏三口述	《写真秘宗拳》	姜容樵
	金偶生整理	《十二势拳术图解》	李天智
《柔软生死功秘诀》	殷师竹	《捷拳图说》	傅秀山
《合战》	赵连和	《绵拳》	兰素贞
	陈铁生	《子母连环拳》	张萍三

书　名	编著者	书名	编著者
《行拳》	陈子正	《六合八法拳》	陈亦人
《意力拳》	陈铁生	《通背拳法》	武田熙
《练习功力拳》	王凤亭	《通背拳》	张志通
《甘凤池拳谱》	殷子潇	《岳飞拳》	袁楚材
《金台拳》	郑　迟	《大成拳图说》	刘法孟
《北源家拳》	袁楚材	《硬槌挂图》	佛山精武会
《苌氏武技全书》	苌乃周	《红砂十八掌挂图》	朱霞天
《无极拳谱图说》	廖　璜	《精忠拳图说》	岳纯真
	吕一素	《洪拳散手》	雄　师
《象形拳术真诠》	薛　颠	《木人桩法》	朱绍基
《武当拳术秘诀》	金一明	《咏春拳散手》	肖文庆
《拳术》	向恺然	《蔡李佛家拳》	陈　胜
《赵门拳法拳图说》	吴志青	《拳艺进阶》	朱鸿寿
《六通短打》	金一明	《拳艺指南》	朱鸿寿
《六路短打》	吴志青	《汤氏拳术》	汤吉人
《三路长拳图说》	王文达	《洪拳易知》	汤吉人
《西岳华拳使用法》	柏　云	《功夫大观》	黄德锐
《西岳华拳》	柏　云	《五祖拳图说》	徐金栋
《三路华拳》	蔡龙云	《白眉拳绝招》	李毅成
《二路华拳》	蔡龙云	《字门拳法正宗》	胡遗生
《虎鹤双形》	朱愚齐	《自然门拳术汇宗》	万籁声
《工字伏虎拳》	林世荣	《蛇猫鹤混形拳》	梁永京
《铁钱拳》	朱愚齐	《白鹤门念鹤拳》	刘　故
《秘宗五虎架》	姜容樵		苏星彰
《内家拳拳法篇》	倪清和	《螳螂拳散手》	叶　瑞

书　名	编著者	书名	编著者
《福建鹤拳秘要》	李载鸾	《峨嵋穿云伞》	袁楚材
《拳术精华》	顾殿雄	《虎尾三节棍》	黄汉勋
《拳术入门》	朱鸿寿	《军中大刀》	黄汉勋
《跌打骨科学》	黄汉勋	《手仗自卫术》	王　著
《点穴与解法》	陈鸿声	《虎头钩》	郭粹亚
《跌打点穴残伤治疗法》	萨般若	《写真枪大战》	姜容樵
《点穴伤科秘诀》	唐　豪	《杨家梨花六合枪》	唐　豪
《怎样防卫你自己》	我是山人	《太极十三枪谱注》	李英昂
《巧斗功夫真传》	金钟盦	《长枪法图说》	程宗猷
《临机应斗秘诀》	金佣生	《内功十三段图说》	宝显廷
《女子防身术》	王凤亭	《练气行功秘诀内外编》	张庆霖
《徒手搏斗》	郭隶道	《内功修养法》	曼传大师
《警察应用技解》	韩庆堂	《内外功图说要》	席裕康
《自卫技术》	韩树英	《十八路罗汉功》	黄汉勋
《鹰爪一百零八擒拿术》	刘德孟	《铁砂掌图说》	胡和铭
《七十二把擒拿技法外编》	李英昂	《百日速成铁砂掌功》	李英昂
《棍术学》	马　良	《铁砂掌功》	袁楚材
《中华新武术》(棍术科)	马　良	《梅花桩》	袁楚材
《写真少林棍法》	姜容樵	《武功入门》	金钟盦
《风波棍》	金一明	《武术药功秘抄》	陈凤山
《暗器使用秘诀》	冯季禄	《轻身功夫秘传》	白燕生
《练打暗器秘诀》	金向生	《练功百诀》	萨般若
《秘传暗器三种合刊》	金　生	《一指禅红砂手真传》	茅振宇
《三十六板凳》	唐柔刚	《太极拳研究专集》	中国太极拳
《三节棍图说》	潘茂容		学术研究会

中国武术史

书　名	编著者	书名	编著者
《国术研究概观》	北平特别市	《梦绿堂枪法》	释洪搏
	国术分馆	《击剑入门》	袁廷焕
《七十二把擒拿技法内编》	李英昂	《剑术基本练习》	申秋南
《太极刀图说》	陈洪镇	《少林十三剑》	孙明清
《梅花单刀》	袁楚材	《剑法真传》	宋仔凤
《太极刀》	傅钟文	《青萍剑》	郭锡三
	叶龙云	《龙形剑》	金一明
《六合双刀》	黄汉勋	《初级剑术》	国家体委
《燕青单刀》	黄汉勋	《太极剑图解》	吴图南
《三义刀图说》	金一明	《三才对剑》	张义诚
	郭粹亚	《太极剑》	陈微明
《国术四书》	吴兴周	《太极十三剑》	王子章
《国术兵器杂谈》	白俊雄		李文贞
《刀枪棍剑基本练习》	刘刀技	《纯阳剑》	张详三
《写真青萍剑》	姜容樵	《八仙剑》	万籁声
《三才剑》	姜容樵	《梅花双剑》	赵正新
《中华新武术》(剑术科)	马　良	《龙凤双剑》	王菊容
《剑法》	郑荣兄	《太极剑》	张详三
《三五公太极连环刀法》	唐　豪	《龙行剑》	胡　洪
《八卦对刀》	姜容樵	《子午剑》	黄汉勋
《雪片刀》	姜容樵	《武当剑法大要》	黄元秀
《单戒刀》	金一明	《六合枪》	金一明
《子母三十只棍》	胡愈虚	《岳家棍图说》	郭粹亚
	江　荐	《六合棍》	袁楚材
	向恺然	《降龙棍》	佛山精武会
	绍　铎	《拳术指南》	朱鸿寿

书　名	编著者	书名	编著者
《八卦拳》	谬浣森	《八段锦》	王怀琪
《八卦拳真传》	孙锡堃	《新编八段锦》	王怀琪
《曹氏八卦拳掌谱》	芦景贵	《高级八段锦》	王怀琪
《龙形八卦拳》	黄柏年	《订正八段锦》	王怀琪
《八卦拳学》	黄介梓	《正字八段锦》	刘穿文
《八卦剑学》	孙禄堂	《八段锦》	唐　豪
《八卦拳使用法》	阎德华	《真本岳飞八段锦》	金佣生
《张健身心法》	董　义	《康健之路十一段锦筋经》	潘　建
	伊泽述	《易筋经廿四式图说》	王怀琪
《编气行功秘诀内外篇》	张庆霖	《易筋经十二式图说》	王怀琪
	段清蕴	《华陀五禽戏》	王怀琪
	禅师口授	《少林拿法阐宗》	程宗猷
《张三丰太极练习秘诀》	墨林书屋藏本	《少林双刀图解》	郭粹亚
《内功十三段图说》	宝　鼎	《三十六板凳秘诀》	金佛徒
《科学内功拳》	章乃器	《太极剑图说》	金倚天
《实验深呼吸练习法》	王怀琪	《行侠家传秘诀》	金倚天
《返老还童法》	石破天惊者	《张三丰道术武术汇宗》	金倚天
《长生术》	肖　屏	《临机应斗秘诀》	金佣生
《养生须知》	张谔汝	《武艺精华》	汤显祖
《内家太极拳》	吴克汗	《科场射法指南》	刘　奇
	廖广森		周占述
《静坐指南》	董凌欧	《手抄本》（上、下册）	唐　豪
《房中练功》	金个盆	《拳敌全书》（上、下册）	国技学社
《实验却疾延年法》	丁福寿	《武术基本功》	钟泉健
《武当豪侠传》	汪景星	《简化太极拳图解》	钟运武

中国武术史

书　名	编著者	书名	编著者
《女子护身术》	林华华	《虎鹤双形》	林世荣
《四路奔打拳》	黄汉勋		陈湘（注）
《插捶拳螳螂拳谱合编》	黄汉勋	《铁线拳》	林世荣
《一路拳》	黄汉勋		陈湘（注）
《二十四腿法》（附腿基本功）	李英昂	《八法梅花手》	袁楚材
《空道攻击法》	蔡茂平	《内家拳》	唐豪
《实用螳螂拳》	卫笑堂	《太极拳与内家拳》	唐豪
《七星螳螂拳》	张详三	《角力记》	调露子
《六合螳螂拳》	张详三	《三才图会》	王圻
《螳螂领崩步》	苏焜明	《武编》	唐顺之
《少林寺拳法》	李亨	《正气堂集》	俞大猷
《剑枪图说》	宋存凤	《纪效新书》	戚继光
《吴家太极拳》	吴公藻	《陈记》	何良臣
《内家太极拳》	廖广森	《耕余剩技》	程宗猷
	廖镜枝	《武备志》	茅元仪
《郑子太极拳自修法》	郑曼青	《六合拳谱》（卷一）	龙凤姬
	陈湘（注）	《陈氏拳械谱》（卷二）	徐震
《郑子太极十三篇》	郑曼青	《手臂录》	吴殳
	陈湘（注）	《苌氏武技书》	苌乃周
《龙形八卦盘身掌》	雷啸天	《拳经》（卷一）	陈松泉
	陈湘（注）		张鸣鹗
《工拳十二形》	雷啸天	《内家拳法》（卷一）	黄百家
	陈湘（注）	《拳术》	王余佑
《咏春拳》	李绍昌（译）	《江南经略》	郑若曾
	陈湘（注）	《筹海图编》	胡宗宪

书　名	编著者	书名	编著者
《荆川先生文集》	唐顺之	《武经总要》	曾公亮等
《日知录》	顾炎武	《兵法圆机》	揭　暄
《涌幢小品》	朱国祯	《汉书》	班　固
《五杂俎》	谢肇淛	《史记》	司马迁
《清稗类钞》	徐　珂	《孙子兵法》	孙　武
《科场射法指南》	刘奇作	《洛阳伽蓝记》	杨衒之
	周民编述	《景德传灯录》	道　原
《事物绀珠》	黄一正	《释氏疑年录》	陈　垣
《山堂肆考》	彭大翼	《汉魏两晋南北朝佛教史》	汤用彤
《稗史汇编》	王　圻	《山海经》	郭　璞
《渊鉴类函》	康熙敕编	《新唐书·艺文志》	欧阳修
《增补万宝全书》	王焕文		宋守良
《初学记》	徐　坚	《越绝书》	张宗祥校
《太平御览》	李　昉	《少林衣钵真传》(抄本)	福居禅师
《事物纪原》	高　承	《兵仗记》	王　晫
《册府元龟》	王钦若	《万宝全书》	烟水山人
《海录碎事》	叶廷珪	《中国武艺图籍考》	唐　豪
《高僧传》	梁慧皎	《陈氏太极拳图说》	陈　鑫
《记纂渊海》	潘自牧	《太极拳全书》	曾照然
《事林广记》	陈元靓	《李氏精简太极拳》	李英昂
《东京梦华录》	孟元老	《形意母举》	姜容樵
《武林旧事》	周　密	《综合太极拳》	麦宝婵
《梦粱录》	吴自牧	《太极拳真谱》	陈秀峰
《西京赋》	张　衡	《太极拳》	田镇峰
《古今合璧事类备要》	谢维新	《太极拳图》	吴鉴泉
《续文献通考》	王　圻	《太极拳经》	关百益

书　名	编著者	书名	编著者
《太极拳要义》	黄文权	《二十四连环腿法》	李英昂
《郑子太极拳十三篇》	郑曼清	《中国腿击法》	李英昂
《王宗先生南传太极拳》	倪清和	《初级腿法》	张之江
《太极拳连环刀刀法》	王介祺	《迷宗八卦掌》	程君侠
《形意图解》	许霆厚	《内家八卦掌》	倪清和
《形意六合拳谱》	朱国福	《周天术》	张峻峰
《形意连环图说》	章启东	《八卦拳》	韩寿堂
《形意拳》	姜容樵	《内功拳的科学基础》	章乃器
《形意安身炮》	姜容樵	《国术基本操典》	郭锡三
《形意十二目》	姜容樵	《内外功拳术秘诀拳术教范》	阎子阳
《写真拳械教范》	黄介梓	《拳术意见百则》	卢炜昌
《形意拳汇宗》	郭志成	《拳术提要》	刘凤池
《形意拳图说》	凌桂青	《拳乘》	朱霞天
《阴阳入盘掌》	任致诚	《拳术初步》	金一明
《八卦掌图说》	阎德华	《拳剑速成法》	汤　显
《八卦掌要义》	吴孟侠	《南北拳术精华》	李存义
《八卦掌》	姜容樵	《南派少林拳》	周耀宗
《八卦掌新义》	姜容樵	《少林迷宗派罗汉拳》	潘茂容
《八卦掌纲要》	彭昭旷	《古本少林拳图谱》	李英昂
《八卦掌》	宫宝田	《少林宗法图说》	李英昂
《八卦掌真传》	孙锡堃	《少林虎战拳》	赵　良
《形意八卦掌》	黄柏年	《少林内功秘诀》	姜侠魂
《八卦掌》	尹玉璋	《少林拳术精华》	张天用
《八卦拳学》	孙禄堂	《少林脱战拳》	李汇亨
《国术训练与运动》	韦基舜	《拳图形》	朱霞天
《拳术基本练习法》	郭梓亚	《少林正宗连步拳》	吴志青

书　名	编著者	书名	编著者
《少林脱战拳》	冯明庵	《少林拳拆法》	陈铁生
《少林十字战全图》	王怀琪		赵连和
《大战拳》	冯明庵	《十八叟拳图解》	黄汉勋
《少林拳术选编》	刘　钰	《四路查拳》	常振芳
《潭腿精义》	卢炜昌	《四路查拳》	吴志青
《查拳国术教范》	吴志青		张本源
《双人潭腿》	吴　倚	《潭腿新挂图》	精武体育会
	杨焕章	《十二路潭腿对打挂图》	王怀琪
《潭腿国术教范》	吴志青	《六合拳刀枪合编》	万籁声
《潭腿》	精武体育会	《黑虎山洞拳》	黄文豪
《对打潭腿图解》	王怀琪	《实用螳螂拳》	卫笑堂
《先天罗十八手势图》	华山姚氏	《螳螂崩步拳》	苏煜明
《少林石头拳》	金一明	《螳螂拳术》	赵志民
	郭粹亚	《一路摘要拳》	黄汉勋

各时期中国武术的名称

年　代	朝　代	名　　称
约公元前21世纪至 公元前771年	夏、商、周	拳勇　手搏　相高　角力　斗
公元前770年至前220年	春秋战国	技击　相搏　手战
公元前221年至公元264年	秦汉三国	武艺　角抵　角力　摔胡　手搏 期门　长手　试弁　手格
公元265年至589年	两晋南北朝	武术　武艺　讲武　拍张　相攒 相叉　相扑　角抵　拳法
公元590年至960年	隋唐五代十国	武艺　拳捷　试扑　手搏　角抵戏 相搏　相扑
公元960年至1279年	宋	武艺　角力　角抵　武技　相搏 手搏　相扑　打套子
公元1280年至1367年	元	武艺　武事　角抵　摔跤
公元1368年至1644年	明	武艺　相搏　白打　使拳　使艺 拳法
公元1645年至1911年	清	武艺　把式　对力　对拳
公元1912年至1949年9月30日	新中国 成立前	武术　国术　国技　把式　八式 操扁卦　功夫　摔跤
公元1949年10月1日后	新中国 成立后	武术

中国武术发展示意表

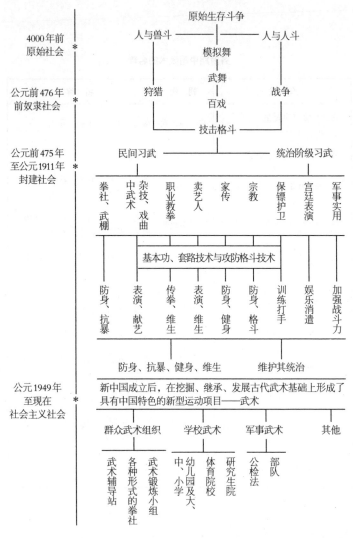

中国武术史

国家新闻出版广电总局
首届向全国推荐中华优秀传统文化普及图书

‖ 大家小书书目

出版说明

　　"大家小书"多是一代大家的经典著作，在还属于手抄的著述年代里，每个字都是经过作者精琢细磨之后所拣选的。为尊重作者写作习惯和遣词风格、尊重语言文字自身发展流变的规律，为读者提供一个可靠的版本，"大家小书"对于已经经典化的作品不进行现代汉语的规范化处理。

　　提请读者特别注意。

文津出版社